JN033575

Murai Tomohide
村井友秀

日本人の常識は世界の非常識である

日中危機の本質

ESSENCE OF JAPAN-CHINA CRISIS

PHP

まえがき

一国の政府の最優先の任務は国（国民）の安全である。安全は空気と同じだと言われる。空気は見えないし匂いもない。日常生活の中で人は空気の存在を意識しない。しかし、空気がなければ人間は生きられない。空気がなくなったときに人は空気があるから生きていられたと気付くが、そのときはもう手遅れである。同様に、平和なときに人は国の安全を考えない。国の安全がなくなったときに安全があったから普通の生活ができたのだと気付くが、そのときはもう手遅れなのである。

人の生死の問題である安全保障は、全体の安全のために部分を犠牲にすることもあり、国民を強制できる政府だけが実行できる。国民を強制する権力を持たない民間にはできない仕事である。安全保障は民営化できない。

ここで、日本の安全保障にとって最大の脅威である戦争と技術、文明の関係について、歴史を振り返ってみる。今から５００年前、日本は戦国時代であった。いつの時代でも戦争は科学であり、合理的な側が勝つ。戦国時代の日本は「犬と言われようと畜生と言われようと戦いは勝つことが大事である」（朝倉宗滴）という時代であった。交易によりヨーロッパ文明を吸収した日本は、30万挺の銃を保有する世界一の銃大国であり、中国大陸遠征を計画し、スペイン軍を攻撃してフィリピン攻略を狙う世界有数の軍事大国であり、ヨーロッパ諸国の攻撃をはね返す力があった。当時の日本はあらゆる手段を通じて世界の情報を収集し、世界の常識を身に付けて行動していた。

しかしその後、日本全国を平定した徳川幕府は国内統治を固めるために国を閉ざして外国との関係を断った。忘れてならない点は、徳川幕府の鎖国政策が実行可能であったのは、外国の干渉を排除できる強力な軍事力を当時の日本が持っていたからである。徳川幕府初期には多くの日本人傭兵が東南アジアで活躍していた。強力な軍事力で守られた鎖国政策は二百余年にわたって維持されたが、外国との関係を断った鎖国政策の中で、戦国時代には世界最高レベルであった日本の技術と軍事力は進化を止めた。他方、欧米諸国は日本が鎖国を守っていた時代に、厳しい国際関係の中で戦争を繰り返し、戦争に勝つために必死で技術を向上させた。

17世紀から19世紀にかけて戦争が続いた欧米では、実戦で兵士の命が懸かる銃の発射方式も火縄式から取り扱いが簡単な火打石式、さらに発射速度が上がる雷管式へと進化していった。しかしその間、平和であった日本では戦国時代の火縄式が19世紀まで続いた。欧米では戦争の後、体制が大きく変化した。人の生死に係わる戦争は技術改革を推し進め、社会を変革する。

鎖国によって外国との技術交流が停止し、中央政府の強力な統治によって平和が続いた日本では、負ければ死ぬ戦争に勝つために必死になって技術改革を進める必要がなく、技術的進歩が止まった。二百余年続いた鎖国政策によって、日本と欧米諸国との間には軍事力で大きな技術格差が発生し、19世紀中頃には外国の干渉を抑える力はもはや日本にはなかった。

欧米諸国の圧力によって開国した日本は、欧米諸国が豊かな中国を侵略する競争に没頭する間隙を縫って、必死に世界の常識を学び、短期間で富国強兵に成功し、辛うじて欧米諸国の植民地になることを避けることができた。日本は熱心に欧米諸国の技術を吸収し、鎖国政策の中で失った世界の常識を身に付けていった。

欧米の技術と常識を身に付け、軍事強国として再生した日本は、近代化が遅れ「眠れる獅子」「東アジアの病人（東亜病夫）」と言われた中国との戦争に勝利し、さらに列強の一角であったが労働者や農民の不満が高まり国内が混乱していたロシア帝国との戦争にも勝利した。

日本が清帝国とロシア帝国という大国に勝利した理由は、日本の方が近代化し、国際法を守り、世界の常識に則(のっと)って行動したからである。日清戦争において、残虐行為を繰り返す清国軍に対して日本軍は戦争法を守って戦った。日露戦争において、満洲の広野に展開した日本陸軍はロシア陸軍より多数の機関銃を装備し、日本海軍は速射砲、火薬、無線でロシア海軍よりも近代化していた。さらに欧米の常識を身に付けた日本は、日英同盟によって欧米諸国の支持を得ることもできた。

しかしその後、日本の技術と常識は劣化していった。世界が第一次世界大戦という戦争の概念を根本的に変える事件を経験し、新しい次元の戦争に移行していった時代に日本は、混乱し分裂した中国の腐敗した軍閥軍や匪賊との戦闘に埋没し、日本の軍事的進化は止まった。また、政治化した軍人は国内政治に熱中し、軍事技術の近代化に不熱心であり、日本軍は劣化していった。

そのような日本が、1941年に世界で最も近代化した米軍と戦争することになった。戦争中に日本の5倍の軍艦と10倍の軍用機を製造し、原爆を開発した米国に日本は負けた。また、全ての兵士が自動小銃を持つ米軍に対して、日本軍は将校が刀を持っていた。第二次世界大戦参戦国の中で、刀を装備していたのは日本軍だけであった。戦国時代でも戦場は火縄銃が支配し、豊臣秀吉の朝鮮出兵で朝鮮半島へ出陣した島津義弘は、国元へ槍や刀ではなく鉄砲を送れと手紙を出している。強敵と戦った戦国時代や明治の危機感と合理主義は、弱敵との戦いに慣れた昭和の傲慢と精神主義に変化した。

敗戦のショックは、独善的な精神主義に陥って世界の常識から逸脱した日本を再び世界の常識に引き戻すチャンスになり得た。しかし、日本を占領した米国は日本が再び米国の脅威になることを恐れ、日本を軍事的に無力化する政策を取った。「米国に従順で軍事的に無能な国」が戦後日本の出発点になった。日本は経済に集中し、「軍隊による安全」を否定し、「軍隊からの安全」だけを考える「エコノミックアニマル」になった。冷戦構造の中で強力な米軍の傘が、国の安全保障を無視する日本の政策を支えた。

しかし冷戦は終わり、21世紀になると米国は、強大化しつつある中国の挑戦を受けるようになった。日本はもはや米軍の傘の下に隠れていることはできなくなった。日本の安全保障は、日本自身がやらなければならなくなったのである。中国が日本を「中国に従順で軍事的に無能な国」にすることを狙い、中国の攻勢を押し戻そうとする米国が、犠牲を共有する信頼できる同盟国に日本がなることを求める中で、いかにして日本の国民と政府は死活的国益である自国の安全保障を確保するのか。果たして現在の日本は世界の常識に合った行動ができるのか。世界の中で日本が生き残る道を考える。

日中危機の本質

目次

第1章　戦争の本質

第2章　東シナ海、南シナ海は誰のものか

第3章　台湾侵攻と「大坂城の外堀」

第4章　中華帝国の夢と矛盾

第5章　独裁は民主主義を超えるか

第6章　日本の進むべき道

序章

もはや平時ではない

２０２０年代、米中対立が深刻化した。日本をめぐる国際環境が緊張する中で、日本も国難に直面した。コロナウイルスの蔓延という全ての国民が被害を被る危機の中で、政府と国民は適切に行動したのだろうか。平和に慣れ、自己の利益を極大化することに専念してきた日本国民は、より良い利益を求める平時ではなく、より少ない犠牲を選択する危機の時代に上手く適応できず、「根拠のない楽観主義」に囚われて対応が後手に回ったのではないか。平時と危機では政策の優先順位が異なる。危機の時代には政策のトリアージが必要になってくるのである。犠牲を払うことを恐れる日本国民と政府に、犠牲を伴うトリアージを受け入れる覚悟はあったのだろうか。

自分を守ってくれる警察がいないアナーキーな国際社会では、生き残ることが最優先である。生き残るために大事なことは、選択肢の中で一番利益がある選択肢ではなく、考えられる損害が一番少ない選択肢を選ぶことである（minimax）。日本は国難に直面したとき、合理的に行動しているのか。

80年前、日本は米国との戦争という日本の歴史上最大の国難を経験した。３００万人の日本人が死亡し、多くの都市が焦土と化し、固有の領土を失った。日本人は戦争を反省し、敗戦から多くのものを学んだはずだった。日本人は敗戦から何を学んだのか。

■日本はなぜ米国と戦争を始めたのか

1941年12月8日、日本は米国と戦争状態に入った。同年8月1日、石油供給を依存していた米国から石油禁輸措置を受けた日本は、米国の要求を呑むか要求を拒否して戦うかの決断を迫られた。日本の10倍以上の経済力を持つ米国との戦争に勝算はあるのか。当時、日本海軍のトップであった永野修身(おさみ)軍令部総長は「進むも地獄、退くも地獄」と述べ、東條英機首相は「清水の舞台から飛び降りるようなものだ」と述べていた。それでは、なぜ日本は戦争を始めたのか。

「パワーシフト理論」で日本の開戦プロセスを説明することもできる。「パワーシフト理論」によると、A国とB国の間で強弱関係が変化するときに戦争が発生する。強国Aと弱国Bの間に明確な強弱関係があり、AB両国の強弱関係の認識に齟齬がない場合は、常に弱国Bは強国Aに従い両国の間に衝突は発生しない。しかし、弱国Bが強国Aに追い付き追い越そうとしているときは、両国が自国の方が強いと認識して相手に服従することを拒否し、戦争を始めることがある。強国Aが追い付いてくる弱国Bに脅威を感じ、追い付かれる前に予防的にB国を叩こうとする戦争が「予防戦争」である。

1940年当時、日本は米軍の軍事力を日本軍の4倍と考えていた。しかし、すでに欧州で戦争が始まっており、米国も第二次世界大戦に参加しつつあった。そのような状況を考えると、日米戦争の戦場になると考えられる太平洋に展開できる米軍の兵力は、米軍兵力の全体ではないはずである。米国と欧州の歴史的関係を考えれば、米国は欧州に重点を置いた戦略を取るだろう。米軍の戦力配置は、欧州に2分の1、大西洋に4分の1、太平洋に4分の1になる可能性がある。そうなれば、兵力で4分の1の日本軍でも、太平洋における戦いで互角に戦える可能性が出てくる。

当時の日本軍は太平洋における日米両海軍の比率を、米海軍に対抗できる対米7割と計算していた。しかし、当時の日本の石油備蓄が最大2年間であった状況を考慮すると、米国の対日石油全面禁輸によって日本軍の戦闘力は急速に失われることになる。石油がない軍隊は動けない。日本には時間がなかった。山本五十六連合艦隊司令長官が「半年は暴れてみせる」と発言したのはこのような状況が背景にあった。日本にとって米国との戦争は太平洋における日本海軍の弱体化を目の前にした「予防戦争」であった。

このようにして米国との戦争を始めた日本であったが、総合的な国力を比較すると日本が圧倒的な弱者であることは明白であった。日米戦争中に米国が建造した軍艦は日本軍の5倍、軍用機は日本軍の10倍を超えていた。なお、第二次世界大戦における米軍の死者は、欧州戦線で25万人、太平洋戦線で16万人であった。

弱者が強者に勝つためには、弱者が上手く戦い、強者が下手に戦うことが不可欠である。弱者である日本は上手く戦ったのか。

■ミッドウェー海戦――「ダメージ・コントロール」の欠如

1941年12月8日の日本海軍によるハワイ真珠湾奇襲は、米海軍の戦艦を撃沈するという大きな戦果を挙げたが、現場の司令官が第二撃を逡巡したために、今後の海戦の主力になることが予想される米海軍の空母を排除するという本来の目的を達成することができなかった。そこで、日本海軍は米軍の航空機の出撃基地になっていたミッドウェー島を攻略することによって、撃ち洩らした米空母を誘い出し撃沈する新作戦を実施することになった。

1942年6月、太平洋の真ん中にあるミッドウェー島の近海において、空母4隻からなる日本軍と空母3隻からなる米軍が戦うことになった。両軍の空母はほぼ2万tクラスであり、兵器の質が同じならば戦力は数の二乗に比例するという戦場の常識（ランチェスター理論）によれば、海戦の結果は数で劣る米空母が全滅し、数で勝る日本海軍は1隻か2隻の空母を失うことになるはずであった。

海戦の結果は、『朝日新聞』（1942年6月11日）によれば、「大本営発表……東太平洋全海域に作戦中の帝国海軍部隊は……敵根拠地ミッドウェーに対し猛烈なる強襲を敢行すると共に、同方面に増援中の米国艦隊を捕捉、猛攻を加え敵海上及び航空兵力並に重要軍事施設に甚大なる損害を与えたり」。大本営発表によれば、米国艦隊の損害は、空母2隻沈没、航空機約150機撃墜、日本軍の損害は、空母1隻沈没、航空機の損失35機であった。

しかし、空母同士の決戦であったミッドウェー海戦の実際の帰結は、日本海軍は海戦に参加した4隻全ての空母を失い、他方、米海軍が海戦で失った空母はゼロであった（2日後、修理中の空母1隻が日本軍潜水艦の魚雷攻撃により沈没した）。

ミッドウェー海戦における日本海軍の作戦目的は、ミッドウェー島の攻略と米海軍空母部隊の殲滅（せんめつ）であった。海戦の結果は、日本海軍の空母部隊が全滅して米海軍の空母部隊は生き残り、日本軍はミッドウェー島の攻略もできなかった。

日本海軍の空母部隊は、本来の目的である米海軍空母部隊の撃滅よりもミッドウェー島の攻略を先に実施したために、航空兵力が分散することになった。しかし、海戦の経緯を見ると、日米両空母部隊はほぼ同時に敵を発見し、ほぼ同時に攻撃機が敵空母を攻撃している。また、日米両軍の全ての空母には、1隻当たり2発から4発の爆弾が命中している。しかし空母同士の決戦の結果は、日本海軍の4隻全ての空母が沈没し、米海軍の空母は1隻も沈まないというものであった。

この結果をもたらした重要な原因は、日米両軍の「ダメージ・コントロール」に対する考え方の差であった。日本海軍は空母の上空を世界で最も優秀な零戦が守っており、空母を攻撃する敵の飛行機は零戦が撃墜できると考えていた。他方、米軍は100%の防御などは存在せず、空母が敵機の攻撃によって損害を被る事態は避けられないと考えていた。そこで米海軍が重視した対応が、「ダメージ・コントロール」であった。「ダメージ・コントロール」とは、完璧な防御が不可能である以上、損害に対する対応で最も重要な点は、損害を受けないようにすることではなく、損害を受けた後にどのようにして損害を局限するかという問題だとする考えである。

米海軍は、「ダメージ・コントロール」の考え方によって、船体に爆弾や魚雷が命中した後の応急措置を実施する訓練を連日行っていた。他方、日本海軍は空母が敵の攻撃によって重大な損害を被ることはないという根拠のない楽観主義に囚われ、爆弾や魚雷が当たった場合の応急措置に関する研究や訓練が行われていなかった。その結果、2発から4発の爆弾が当たった米空母は沈まず、2発から4発の爆弾が当たった日本の空母は全て沈没した。

ミッドウェー島の攻略と米空母艦隊の撃滅を同時に実行できるという根拠のない楽観主義と、日本の空母は敵機の攻撃を無力化できるという根拠のない楽観主義に囚われた日本海軍は、日米開戦半年後に主力部隊を失うことになった。日本軍の大勝利を伝える当時の『朝日新聞』が「太平洋の戦局はこの一戦に決したというべく、その戦果は絶大なるものがある」と書いたのは、日米を逆にすれば事実であった。

■ガダルカナル作戦――「之を要するに敵を甘く見過ぎたり」

1942年8月7日、日本軍が飛行場を建設していた南太平洋に浮かぶ小島ガダルカナルに米軍が上陸した。日本軍の判断は、敵の上陸は偵察作戦か飛行場の破壊作戦である可能性が高いので敵の上陸兵力は小規模であり、また米陸軍は弱いので奪回作戦は小規模な部隊を派遣すれば十分である、というものであった。7日分の食糧と250発の弾薬を持った900人の日本軍先遣隊は上陸していた米海兵隊と戦うことになった。しかし、日本軍の判断とは異なり、ガダルカナル島に上陸していた米軍は1万3000人であった。

8月20日に日本軍の先遣隊は米軍基地を攻撃したが、圧倒的に優勢な米軍の反撃によって先遣隊は全滅した。日本軍の第二次攻撃は2週間分の食糧を準備した3000人の兵力で実行することになったが、米軍は1万6000人になっていた。9月12日に日本軍は米軍基地を攻撃したが、大損害を被り14日に攻撃は中止された。日本軍の生存者は1500人であった。

当時、日本軍司令部から前線の兵士に配布された印刷物には、「歩兵の銃剣突撃は日本国軍の精華である。敵は之が一番怖いのだ。斯くして皇軍の大勝利疑いなし」と書かれていた。

ただし、この戦闘について日本の連合艦隊司令部の評価は、「敵の防備対抗手段に万全を期しあるを軽視し、我が力を過信し、軽装備の少数の兵力をもって一挙奇襲に成算を求めた。之を要するに敵を甘く見過ぎたり」であった。

10月24日、日本軍は2万人の兵力を動員して2万2000人の米軍に対して総攻撃を開始した。しかし米軍の第一線陣地を突破することができず、多くの大隊長、中隊長が戦死し、26日に攻撃中止命令が発令された。米軍陣地に突入した日本軍の損耗率は50%を超えた。旧陸軍では損耗率50%で全滅と見做した。

1943年1月4日、大本営からガダルカナル島の日本軍に対して撤退命令が下った。ガダルカナル島に投入された日本軍将兵は約3万2000人、そのうち戦死者は1万2500人、戦傷死は1900人、戦病死は4200人、行方不明は2500人であった。これに対して米軍は、戦闘参加将兵6万人、戦死者1000人、負傷者4245人であった。

なお、南太平洋における日米両軍の戦闘で、日本軍の戦死者のうち6割は餓死であったと言われている。米軍の餓死者はゼロであった。「輜重輸卒(しちょうゆそつ)が兵隊ならば蝶々蜻蛉(とんぼ)も鳥のうち」との文化があった日本軍は伝統的に兵站を軽視し、前線の部隊に十分な食糧弾薬を補給できなかった。飢餓に苦しんだ日本兵は、弾薬不足で銃器は使えず銃剣やシャベルを振るって、機関銃で防備を固めた米軍陣地に突撃し全滅した。撤退中の日本軍兵士は「もう二つ握り飯があれば戦えたのに」と悔しがったと言われている。

インパール作戦――不明確な作戦目的、兵力の逐次投入、根拠なき楽観主義

1944年3月、日本軍は戦況が悪化する中で、ビルマ防衛とインド進攻という二兎を追う攻勢的防御作戦を開始した。この作戦は「無茶苦茶な積極策」（大本営参謀）であり補給が困難であることを指摘されたが、現地軍は「英印軍は中国軍より弱い。果敢な包囲・迂回を行えば必ず敵は退却する。補給を重視し、とやかく心配するのは誤りである。果敢な突進こそ戦勝の近道である」（牟田口廉也第15軍司令官）と主張し、上級司令部の「作戦を中止すれば牟田口の立つ瀬はあるまい。何とかして牟田口の意見を通してやりたい」（河辺正三方面軍司令官）との意見により現地軍の主張が通った。前線の兵士の状況を無視し、軍事的合理性よりも人間関係と組織内の融和を重んじた結果であった。

作戦は兵站の不備と英軍の反撃によって急速に状況が悪化し、6月には作戦続行が不可能になった。司令部でも作戦続行は無理であるとの認識が高まっていたが、河辺も牟田口も「作戦中止」を口に出さなかった。牟田口は後に「私の顔色で察してもらいたかった」

と語っている。7月2日、方面軍の上級司令部である南方軍が作戦中止を方面軍に命じた。約10万人の将兵が参加し4カ月にわたったインパール作戦は、戦死約3万人、戦傷・戦病約2万人の損害を出して終わった。

旧日本帝国陸海軍の戦争を振り返ってみると、多くの作戦に共通する失敗の方程式が存在する。

①不明確な作戦目的（二兎を追うものは一兎をも得ず）、②兵力の逐次投入、③根拠なき楽観主義、である。

根拠なき楽観主義に囚われているから、二兎を追っても大丈夫だと判断を誤り、根拠なき楽観主義に囚われているから、全力を一気に投入しなくても、兵力の逐次使用で目的を達成できると誤解したのである。根拠なき楽観主義に囚われたのは、間違いを認識しても自己否定ができず、組織内の調和を優先し、自己改革する勇気がなかったからである。

■日本軍の戦闘力——日露戦争の教訓を間違えた

太平洋戦争当時の日本軍が絶大な自信を持っていた日本軍の戦闘力も根拠があやふやなものであった。

日露戦争では、「露軍の将兵は一般に任務の軽重及上官の監視の度如何を問わず常に誠実に所命の任務を履行し、その達成を期する風がある」（陸軍省）、しかし「日本兵は部隊を以てする諸種の戦闘任務は勇敢に解決するが、単独又は暗黒の際等に於ては上官の至厳の態度を以てする威嚇的激励を必要とする」（陸軍省）と言われた。

すなわち、戦争目的を理解せず、任務を遂行することは義務であるという意識に欠ける日本兵は、集団的興奮に駆り立てられる攻撃前進では積極的に行動するが、逆に恐怖に耐えることが要求される孤立した防御戦闘では、指揮官が威嚇的に叱咤しなければ防御の恐怖に耐えられなかったと陸軍省は評価していた。

日露戦争の陸戦では、ロシア軍の5倍の機関銃を装備し、ロシア軍よりも近代化した兵器を装備していた日本軍が、銃剣やシャベルを持ったロシア軍の夜襲を受けて撃退されるという場面がしばしば見られた。全体の戦争では近代化した日本軍が勝利したものの、各地の戦闘で装備が劣るロシア軍に負けた衝撃は大きく、日露戦争後に戦争の教訓を取り入れた日本陸軍の戦術「歩兵操典」は、日本軍が苦しみロシア軍が得意としていた銃剣突撃一本やりになった。

日本陸軍は日露戦争の教訓を間違えた。他方、ロシア軍は第一次世界大戦を経験し、銃剣突撃の効用を再検証して、塹壕内で銃剣よりも効果的な短機関銃を装備するようになった。ところが、第一次世界大戦という近代戦を経験せず、近代軍とは程遠い中国の軍閥と戦っていた日本陸軍は近代化する機会を逸し、そのまま近代化した米軍との戦争に突入した。

日米戦争前の日本では、「死は鴻毛より軽し」とされる「死傷者感受性」が低い文化と、1週間に休日がない「月月火水木金金」と言われた猛訓練が日本軍の戦闘力を向上させた。しかし、厳しい体罰によって兵士の思考停止と行動の自動化を求めた教育では、戦争目的の理解も一次集団の形成も不十分で、困難な状況になればなるほど兵士の士気を支えることができなかった。なお、一次集団とは、家族のように成員の間に直接的な接触（対面接触）があり、成員相互間に愛情や一体感が生じる集団である。一次集団は家族であり、「家族を助けよ、自身は死すべし」が訓練しなくても本能的にできる。

■民主主義の強みと弱み

20世紀の世界戦争は民主主義と全体主義の戦争であった。第二次世界大戦で日本は世界の流れを見誤り戦争に敗れた。20世紀の世界戦争は民主主義が勝利したが、21世紀になっても民主主義と全体主義の戦いは続いている。

２０２０年の世界が直面する危機、コロナウイルスとの戦いで、中国共産党は「欧米諸国は政府が過度に民衆の利益に配慮し、強い指導的役割を果たすことができなかった」（『環球時報』）、「共産党の指導と中国の特色ある社会主義制度の優位性は明らかだ」（習近平国家主席）と主張した。今回のウイルス対応で、人口１０００万人の武漢、６０００万人の湖北省を封鎖した共産党の対応策は成果を上げたように見える。

非常事態対策の本質は「小を殺して大を生かす」ことである。その対策によって生じる善の合計が悪の合計を上回ればいいのである。国民全体の安全のために個人の権利が制限されるのは当然である。しかし、日本はこれまで「1人の命は地球より重い」（福田赳夫元首相）とし、テロなどの危機に際してテロリストと妥協し小を生かして大を殺してきた。

「小を殺して大を生かす」非常事態には、小も大も殺すことに慣れた独裁国家は力を発揮する。他方、個人の人権を重視して政策決定に時間がかかる民主主義国家は非常事態では後手に回ることが多い。

欧米諸国と比較すると、日本の政府と国民は負担と犠牲を忌避する傾向が強い。日本は国内（組織内）の調和を結果よりも優先して、国民に負担を強いることができず、「公共の福祉」を「個人の権利」に優先させることができなかった。

日本人は戦争の教訓を間違えた。反省すべき「二兎を追う作戦目的」「兵力の逐次投入」「根拠のない楽観主義」はそのまま残り、平和の時代にも不可欠な勇気と自己犠牲を、戦争の道徳と誤解して放棄した。「小を殺す」ためには勇気と自己犠牲が欠かせない。勇気と自己犠牲がない国は危機を乗り越えることができないだろう。

80年前に太平洋戦争という空前の国難に直面した大日本帝国は「力を過信し、敵を甘く見過ぎて」敗北した。コロナパンデミックという国難に対して日本は同じ間違いを犯してはならない。

非常事態では想定外の事態が必ず発生し時間的余裕もない。想定外の事態は誰も予想できず、予め法律を作って対応策を準備することは不可能である。想定外の事態に対処するには、その場の状況に適応した臨機応変の行動が必要になる。臨機応変の対応を可能にするには、「明文による禁止規定がない限り、措置行動が可能」とする「必要性の法理」に拠るほかない。（憲法を守るために憲法を一時的に停止する）「国家緊急権」は超憲法的原理である。欧米諸国における強制措置を伴うコロナウイルス蔓延防止対策は「国家緊急権」に基づいている。

「法律がないからできない」のではなく、「禁止する法律がないからできる」のである。非常事態である戦争では、禁止規定である戦争法（人道法）で禁止されていないことは無限界的に実行できる。

戦争に勝つために戦場で行動する軍隊は命令と服従、すなわち上意下達システムで動く。したがって、国民の意見を聞かない上意下達システムの全体主義（共産主義）国家は、「拙速を尊ぶ」危機に強い。しかし、下意上達の民主主義国家も一時的に上意下達システムに変身できれば（危機が終われば民主主義に復帰することが法律によって担保されていれば）、そして非常事態における政府の臨機応変の行動が「国家緊急権」によって保証されれば、人権を重視する民主主義はあらゆる点で独裁に優る政治システムである。

■非常事態に対する日本人の非常識

日本では尖閣諸島をめぐって日中関係が緊張する中で、平和でも戦争でもないグレーゾーンでの行動に関する議論が盛んに行われている。議論のポイントは、日本には、重要影響事態や存立危機事態を含めて戦時（有事）に対応する法律はあるが、グレーゾーンに対する法律がないので、早急にグレーゾーンに対応する法律を作らなければ自衛隊が行動できない、ということである。

日本を除く世界の国では、軍隊の行動を規定する国内法はない。諸外国では、憲法で最高指揮官（大統領か首相）が決まっているだけである。そして軍は最高指揮官の命令に従って行動する。兵士が行動する際には、国際法（戦争法）を守り、軍が決定した交戦規定（ROE）を守る。決まっているのはこれだけである。多くの国では、最高指揮官の権限を規定する国内法はなく、最高指揮官の命令に議会は関与しない。

日本では自衛隊が重要影響事態や存立危機事態にどうするかは国内法で決まっている。おそらく、日本では非常事態になったとき、目の前にある危機が、重要影響事態か存立危機事態かを決める議論が延々と続くことになる。さらに、法律に書いていない事態が発生したらどうするのか。日本では法律に書いてなければ自衛隊は動けないことになっている。日本以外の国の軍隊は、最高指揮官が命令すれば、どのような状況でも軍隊は最高指揮官の命令に従って動く。また、法律で自衛隊の行動が決まっているのならば、敵は事前に自衛隊の行動を知ることができ、自衛隊と戦う際に極めて有利になる。

非常事態になれば予想外の事態が必ず発生する。だから諸外国では、発生した事態に適切に対応できるように、最高指揮官が状況を見て最適の方法が取れるようになっているのである。非常事態で被害を最小限にするためには、最高指揮官に権限を集中し迅速に行動しなければならない。これが世界の常識である。

日本以外の諸外国では、自国を守る軍隊は強ければ強いほど良いのであり、わざわざ国内法で自国の軍隊の行動を制限するという発想はない。

■日本人の安全保障観――戦争時の道徳、平和時の道徳

優しい民主主義国家である第二次世界大戦後の日本では戦争が徹底的に否定され、軍隊

は国民を害する存在と見なされて「軍隊からの安全」だけが議論された。他方、軍隊の本来の任務である外国の侵略から国民を守る「軍隊による安全」は無視されてきた。世界の紛争地域では難民は安全を求めてその地域で最も強い軍隊の下に避難する。

日本ではなぜ「軍隊による安全」が議論されないのか。それは３００万人を超える日本人が死亡した敗戦のショックと戦後教育の結果である。戦後の日本は戦争を深く反省し、戦争に関係あるものを全て否定した。当初は柔道や剣道も禁止された。その結果、日本人の思想が、常に戦争、内戦、テロと向き合っている世界の常識からずれていったのである。

人間が行動する基準である道徳には、戦争時に必要な道徳と平和時に必要な道徳がある。戦争時に必要な道徳とは、「戦友は助けよ、自身は死すべし」というものである。平和時に必要な道徳は「優しさ」である。

勇気や自己犠牲といった軍事的徳と言われる道徳は、世界中の国で戦争時にも平和時にも必要な道徳とされている。しかし、日本では戦後、戦争に関係のある道徳として軍事的徳は学校教育で否定された。「強い国より優しい国」が戦後日本の道徳の基準になった。世界が破滅する核戦争の脅威を盾に、米国とソ連が核兵器で対決する冷戦構造の中で、国家の安全保障を米国に任せた日本人は安全保障を考えなくなり、日本では優しさと平和主義が教育とマスコミを支配した。

世論調査（２００５年）によれば、「もし戦争が起こったら国のために戦うか」という質問に対して、戦うと答えた人の比率は、日本15％、ドイツ28％、イタリア37％、イギリス51％、フランス52％、米国63％、韓国71％、中国76％、スウェーデン80％であった（世界価値観調査）。

■日本にもマッドドッグが必要だ

中国やロシアなどの軍事大国に隣接する日本の安全は米国が支えてきた。日米首脳会談（２０１７年2月10日）でも同盟強化が確認された。強い同盟は共通の価値観によって支えられている。日米は共通の価値観を持っているのか。

２０１７年2月3日、「マッドドッグ（狂犬）」マティス米国防長官が来日した。日本で嫌われる狂犬がなぜ米国で尊敬されるのか（議会承認で反対票は1票だけだった）。優しさを重んじる日本に対して米国は力を信奉する社会であり、マッドドッグは力の象徴である。

悪に抵抗しない平和主義は正義にあらず

現在の世界には、テロや虐殺を防ぎ外国の侵略から自国を守る「正義の力」が存在する。正義の力は強ければ強いほどよい。

戦場で勇猛果敢であることは善であり、敵に対して狂犬であることは悪いことではない。悪い奴と戦うときに「悪い奴を殺すのは楽しい」（マティス）と言っている人間はよく戦うだろう。戦時に狂犬は役に立つのである。「優しさ」では悪い奴と戦えない。

日本では戦後、優しさと平和主義が教育とマスコミを支配した。しかし、平和主義には問題がある。今、世界中の多くの国では、平和主義は無抵抗主義と同義であると見なされている。悪意を持った野蛮な軍国主義に抵抗せず、善意の犠牲者を見殺しにする無抵抗主義は、現代の国際社会の常識では悪である。現代の世界で正義とされている「反軍国主義」は軍国主義に抵抗する。悪に抵抗しない平和主義は正義ではない。国際社会が平和主義を否定するのは、「平和主義者が暴力を放棄できるのは、他の者が代わりに暴力を行使してくれているからだ」（ジョージ・オーウェル）。他者の犠牲の上に成り立つ平和は正義ではない。

人口3億人の米国でなぜ3億丁も銃があるのか。3億人の国民が自分の身を自分で守ろうとしているからである。日本人はなぜ自分の身を守るために銃を持たないのか。日本人は自分が攻撃されれば、銃を持っている誰かが自分を助けてくれると思っているからだ。

正義の戦いにも犠牲は生じる

現代の国際法と国連は、自衛戦争、植民地独立戦争、民族解放戦争などを正義の戦争と定義している。さらに、人権を蹂躙(じゅうりん)され虐殺されている人々を助けるために国連が紛争地に武力介入する「保護する責任」（R to P）に参加するように国連は加盟国に求めている。

日本が正義の戦いに参加する場合、今の日本に欠けている部分がある。正義の戦いでも必ず死傷者が発生する。戦後の日本は戦争を無視し戦争から目を背けてきた結果、死傷者に対する感受性が異常に高い国になった。正義の戦いに参加するためには、相応の犠牲を払う覚悟が前提になる。戦争に勝つとは、損害が耐えられる限度を超える前に戦争目的を達成することであり、戦争に負けるとは、戦争目的を達成する前に損害が耐えられる限度を超えることである。

もう一つ問題がある。日本のように長い間戦争を経験していない国では、戦争のときに誰が役に立つかわからない。日露戦争後に日本の陸軍省は次のように報告した。「概して平時鬼と称せらるる人若しくは之に近き人は戦時は婦女子の如く之に反して平時婦女子の如き人に豪傑の多い事は否定の出来ぬ事柄である」「鬼大尉とか鬼小隊長とか評せらるるものに戦時案外臆病で中には日本の将校にコンナ弱い隊長が居るかと思ふ程弱い人が少なくない」。

戦場のマッドドッグは、平時は紳士である。また、イギリスでは第二次世界大戦に際して、平和時には不人気であった強硬外交を主張するチャーチルが首相になって戦争を戦い、勝利した後チャーチルは首相の地位を追われた。チャーチルも戦争に特化した一種のマッドドッグであった。

軍事力に頼る軍国主義国家がよく理解できる言語は軍事力である。軍国主義国家と交渉する場合、軍事力という共通言語によるメッセージは誤解を生む可能性が低い。今、日本は核兵器を保有する軍事大国の隣国から強い軍事的圧力を受けている。不当な暴力を抑止するためには、戦う強い意志と強い軍事力を明示することが効果的であり、マッドドッグは戦う強い意志の象徴である。日本も危機が深まるほど、マッドドッグが必要になる。危機の時代には平和な時代とは異なる行動が要求される。平和な時代の倫理に囚われて危機の時代への自己改革に失敗すれば、危機の時代に生き残ることは難しい。

第1章

戦争の本質

■海の向こうからやってくる戦争

見ざる、聞かざる、言わざる

太平洋戦争後、日本人は戦争を考えなくなった。80年前の戦争は熱く語るが、今、目の前にある戦争を見ようとはしない。戦争は日本が始めるもので、戦争が日本人の思いとは関係なく海の向こうからやってくることはないと錯覚したからである。「平和を欲する者は戦争に備えよ」というローマの格言は日本では禁忌になった。

第二次世界大戦後、国際連合は武力による威嚇と武力行使を禁止した。国連憲章の下で許される武力行使は、国連決議に基づく強制行動としての武力行使、地域的協定や機関による強制行動としての武力行使、そして、武力攻撃に対する自衛のための武力行使である。

一方、中国共産党にとって戦争は「階級矛盾を解決する最高の闘争形態」である。戦争には「正義の戦争」と「不正義の戦争」がある。正義の戦争は「人民の利益になり社会を進歩させるもので、階級闘争、民族解放闘争、主権国家が国家主権を守るために侵略に抵抗する戦争」である。不正義の戦争は「人民の利益に反し、社会の進歩を阻害し、人民を弾圧し、他国を侵略する戦争」である。

現在の中国の戦争観は、「第二次大戦後、世界大戦の遂行能力を持っていたのは米ソ両国だけだった。だが、現在、米国は以前より弱体化している。一方、ソ連は崩壊し、継承国のロシアはもはや米国に対抗する力はない。したがって今後、相当の期間、戦争は局地戦争だけになる」というものだ。

局地戦争は、戦争の継続期間が短く、範囲と目的が限定されているため、積極的な作戦行動により目的を達成しなければならない。さらに、敵の潜在的な戦力が十分に発揮される前に、そして、国際的な干渉が行われる前に、戦争を終結させなければならない。

小規模戦は中国外交の一手段

中国が想定する現代戦は、ハイテク条件下で限定された目的を迅速に達成しなければならず、①作戦思想は速戦即決で持久戦ではない、②交戦期間は数日かさらに短時間、というのが特徴である。

現代の戦争は敵を素早く打ち、素早く撤収する。中国の現代戦は陸上、海上、空中で快速機動を行い、海洋権益を守るため島の争奪戦を行うことである。クアラルンプールでの国際会議（2014年6月）で、中国軍の上級大佐は次のように発言した。「情報化条件下の戦争では、二つの軍事集団の対決は数十分に過ぎず、精密誘導兵器による一撃で敵を制する。人々が静かな朝に目覚めたとき戦局は定まり勝敗が決している」。

軍事的対決にもさまざまなレベルとタイプがある。例えば、軍事力行使のレベルは口頭による威嚇の段階を過ぎると、演習などによる軍事力の誇示、平時体制のまま実行する小戦争、戦時体制へ移行して実施する大戦争の三段階に分けられる。また、戦場が関係国の本土から隔絶しており、関係国が大戦争を望まず限定戦争を望み、関係国が合理的に行動する場合、戦争の拡大を避けることができるとされる（ジュリアン・コーベット）。

戦争か平和かといった単純な二分法では、現実の複雑な国際関係に対応することはできない。中国では、小戦争は平和なときに行う軍事外交の一形態である。大戦争の可能性がないからといって、小規模な戦争の可能性を否定することは合理的ではない。中国にとっての小戦争は外交の一手段であり、万策尽きた後の最後の手段ではない。平時であっても、小さな戦争を想定外にしてはならない。

近年、中国公船が尖閣諸島（沖縄県石垣市）周辺の日本領海への侵入を繰り返している。国連海洋法条約では、沿岸国の利益を侵害しない限りにおいて、その領海での「無害通航権」を認めている。「無害」とは沿岸国の平和・秩序・安全を害しないことを、また、「通航」とは継続的かつ迅速な通過をいう。停船・徘徊（はいかい）・滞留などは通航に当たらず、中国公船の行動は無害通航権行使の条件を満たしていない。中国公船の行動は日本に対する威嚇である。

外交は説得と威嚇の組み合わせであるが、中国外交では威嚇の比重が高い。

日本の常識は世界の非常識

尖閣海域へ海洋監視船を派遣する中国国家海洋局の幹部は、「次は日本の海上保安庁の船を中国領海から追い出さなければならない。小規模な衝突は恐れていない」と述べている。

中国は、「政府保有の公船には旗国以外の管轄権は及ばない」とした国連海洋法条約上の主権免除を認めず、尖閣以外の中国領海内に侵入した外国の公船にも強制措置をとると主張している。

ちなみに、ロシア連邦法も、領海内において外国軍艦が国境法に違反した場合、ロシア国境警備軍が外国軍艦に対して速やかに退去を要求し、外国軍艦が武器を使用した場合は、必要な手段を講じて攻撃を撃退し、報復措置（自衛措置）をとることを規定している。さらに国境法では、不意に武力攻撃を受けた場合、警告なしに武器を使用できるとされている。

世界各国の武器使用基準は日本よりはるかに緩やかである。平和と優しさに慣れた日本人の感覚と常識で、厳しい戦いを生き抜いてきた外国の行動を予測するのは危険である。

世界は平和で優しいという幻想

テロ事件でも日本人にとり想定外の事態がしばしば発生する。そもそもテロとは何か。日本ではゲリラとテロが混同されている。ゲリラはスペイン語で、「小さな戦争」という意味である。ゲリラは組織的、継続的な戦争を意味し、ゲリラ戦闘員は正規軍の兵士と同様、捕虜になった場合は国際法（捕虜条約）により人道的に扱われることが保障されている。

ゲリラとテロを混同するな

他方、テロリズムの語源はフランス革命の「恐怖政治」である。テロリズムの定義は、非合法な暴力を行使することによって一般大衆に恐怖を与え、政治的な目的を達成しようとする行為である。

政治的な目的を達成するためには、一般大衆に対する宣伝が重要なポイントになる。テロはマスメディアに注目されるために象徴的、劇的な標的を攻撃し、過激化していく傾向がある。他方、マスメディアも視聴率を稼ぐために刺激的なニュースを求める。ペルーの反体制武装集団「輝く道」のモットーは「残酷な暗殺」であった。テロとマスメディアは共生関係にあるとも言われる。

テロの本質は、物理的被害よりも心理的効果（恐怖）である。従来、テロは戦争ではなく犯罪であり、テロリストは戦闘員ではなく犯罪者であると見なされてきた。故に、拘束されたテロリストは、捕虜資格を有せず、当事国の刑法によって裁かれることになる。

また、国際法（戦争法）により、文民は戦争中に敵から攻撃されないことになっており、同時に文民が敵を攻撃することも禁じられている。故に、敵対行動に参加する文民は国際法に違反する「不法戦闘員」として攻撃対象になり、捕虜資格もない。また、文民は戦闘から保護されているものの、文民と軍人が混在している場合、軍事的に不可欠な作戦として敵の軍人を攻撃した結果、文民に死傷者が出たとしても、やむを得ない「付随的損害」として違法とされない場合がある。

対テロ強硬作戦は世界の常識

テロは従来、その政治性が重視され、賛否両論に割れる行為であった。植民地独立運動の英雄の中には多くのテロリストがいた。しかし、1980年代になると、テロの標的になることが多かった先進国を中心に、テロに反対する国際世論の形成が進行していった。先進国首脳会議や国連総会・安全保障理事会では、テロに反対する決議や宣言が採択されている。

また、テロの過激化に伴い、国際社会の対応も変化していった。1983年、ベイルートで米海兵隊司令部がテロリスト1人により爆破され、海兵隊員ら241人が死亡する事件が起きた。この事件以降、米国は「直接的・間接的に国家が関与するテロは戦争と見なし、テロに関与する国には軍事力を含めた対応をする」（国家安全保障決定令138号）ことになった。

１９８５年にレーガン米大統領は「米国はテロに決して譲歩しない。譲歩すればさらにテロを招くだけである」と主張し、その結果、大統領の支持率は48％から68％に上昇した。また、ワインバーガー米国防長官は「テロを実行した国家、あるいは個人に恐怖の破壊と恐るべき代償の支払いを強要することがテロに対する究極の抑止法である」と述べている。このような考え方が、先進国の共通認識になり世界の常識になった。米国は３０００人が殺害された２００１年９月11日の米中枢同時テロの後、アフガニスタンとイラクで７０００人の米国兵士の犠牲を出しながら軍事作戦を実行した。３０００人の米国人を殺害したテロリストへの報復を宣言したブッシュ大統領の支持率は50％から90％へ上昇した。

問われる「正義」を守る覚悟

他の多くの国もテロには譲歩せず戦っている。１９７７年９月、西ドイツでドイツ赤軍がシュライヤー経営者連盟会長を誘拐する事件が発生した。誘拐犯は獄中のテロリストの釈放を要求したが、西ドイツ政府は要求を拒否した。

これに対して、シュライヤー会長の家族が「父の生命を救うために、誘拐犯の要求を受け入れるように西ドイツ政府に指示してもらいたい」と、憲法裁判所に提訴した。憲法裁判所は、「西ドイツ政府にはドイツ市民個人の生命を守る義務があると共に社会の秩序を維持し、国民全体の安全を守る義務がある」として訴えを却下した。その後、シュライヤー会長は殺害されたが、西ドイツ政府に対する国民の支持は揺るがなかった。

だが、当時の日本政府の対応は異なっていた。1977年9月、日本赤軍が日航機をハイジャックし、600万ドルと獄中のテロリストの釈放を要求した。これに対し、日本政府は「1人の命は地球より重い」とし、超法規的措置を取って獄中メンバー6人を釈放し、身代金を支払った。乗客乗員は全員解放されたものの、日本政府の対応は国際社会から批判された。

アルジェリア人質事件（2013年）での、「テロリストとの交渉はしない」としてテロリストの要求を拒否したアルジェリア政府の決定も、テロと戦う世界の常識に従った行動である。故に、人質を取られた英国やフランスその他の国はアルジェリア政府の行動を支持したのである。

テロと戦う世界の常識は、「正義」を守るためには「平和」を守れないこともあるというものである。戦う国々は覚悟を決めて「正義」を守ろうとしている。各国の治安部隊が対テロ作戦を決行する際、人質の犠牲を20％以下に抑えることが目標だともいわれる。世界は日本人が信じているほど平和でもなければ、優しくもない。

■対テロ外科手術としての空爆

国連によると現代の国家は六つの脅威にさらされている。国家間の戦争、内戦、テロ、核兵器の拡散、地球温暖化、国際犯罪である。現在、多くの先進国にとってテロが最大の脅威になっている。

しかし、日本で現在進行中の脅威は尖閣諸島をめぐる国家間の争いであり、テロに対する脅威感は薄い。ゲリラ戦を経験したことがない日本では極左暴力集団のテロをゲリラと報道するなど、ゲリラとテロを混同した議論がマスメディアに溢(あふ)れている。世界各地で一般大衆を標的にした自爆テロを行っているテロリストは、ベトナム戦争で米軍を敵としてゲリラ戦を戦ったベトコンではない。

恐怖の破壊こそ究極の抑止法

先述のように、ゲリラは小さな戦争という意味である。ゲリラの兵士は捕虜になった場合、民間人を殺傷しない等の戦争法を守る限り、正規軍の兵士と同様に暴行、脅迫、侮辱されない捕虜資格を有している（捕虜条約）。他方、テロリズムは、非合法な暴力を行使することによって一般大衆に恐怖を与え、政治的目的を達成しようとする犯罪行為である。

ゲリラは敵の兵士を攻撃するが、テロリストは一般大衆を無差別に攻撃する。テロリストは兵士ではなく犯罪者である。したがって、拘束された場合は捕虜資格を有せず、当事国の刑法によって裁かれることになる。

従来、テロとの戦いは犯罪者との戦いと見なされ、警察が対応すべきであると考えられてきた。テロとの戦いは、暴力が無限界的に使用される戦争ではなく、警察の武力がテロリストの暴力を超えない警察比例原則の世界であった。

欧米が流血から学んだ教訓

世界貿易センタービルとペンタゴンで発生した同時多発テロ事件の後、米国はアフガニスタンとイラクで7000人の米軍兵士が戦死し、二十数万人の民間人が死亡する軍事作戦を行った。

米軍による軍事作戦によって、アルカイダは指導者を失い弱体化した。2015年11月にパリで発生した同時テロ事件に対して、フランスなどの欧米諸国が「イスラム国」への空爆を強化したのも世界の常識に沿った行動である。これはテロに苦しんだ欧米諸国が、流血の経験から学んだ教訓である。

これに対して日本では「空爆という暴力でテロをなくすことはできない」という意見がある。しかし、テロリストによる民間人の虐殺を阻止するために、テロリストに「テロ攻撃によって得られる利益よりも、テロに対する報復によって被る損害の方が大きいことを示す」には、現段階では空爆が最も効果的だ。

ベトナム戦争でゲリラを指揮した元北ベトナム軍の将軍は、南ベトナムで行動するゲリラに対する最大の脅威はB52爆撃機による爆撃であったと回顧している。戦場で多く使用される大砲の砲弾の重さは40kgであるが、戦闘機や爆撃機が投下する爆弾は250kgから1tである。空爆はテロの本拠を確実に破壊する。短期的には空爆は爆撃に対する報復テロを拡散する可能性がある。しかし、長期的にはテロの本体が弱体化すれば枝葉は枯れる。

「内科的処置」との併用を

また、戦争法によって文民は戦争中に敵から攻撃されないことになっているが、同時に文民が敵を攻撃することも禁じられている。敵対行動に参加する文民は「不法戦闘員」として攻撃対象になり、捕虜資格もない。また、文民は戦闘から保護されているが、文民と軍人が混在している場合、軍人を攻撃した結果、文民に死傷者が出たとしても、味方の大損害を防ぐなどの軍事合理性があれば、やむを得ない「付随的損害」として違法とされない場合がある。

イラクやアフガニスタンでは、米軍の無人機による攻撃で数千人が殺害され、そのうち数百人が民間人であった。しかし、テロリストによって殺害された民間人は数万人以上である。

テロへの対応は人間が病気をした際と同じである。脳卒中の発作を起こしたとき、まず命を守るために緊急に外科手術をしなければならない。発作を起こして倒れた人に、脳卒中の原因は高血圧だからといって減塩食だけで対処しても患者は死んでしまう。脳卒中にならないために普段から高血圧を防ぐ減塩食をとる内科的処置は当然必要である。テロとの戦いは、軍事力によってテロ攻撃に反撃する外科手術と、多くのテロの原因である貧困や差別の問題を解決する経済援助などの、内科的処置を同時に実行しなければならない。

■危険と犠牲伴う外科手術への参加を

戦争が殺戮(さつりく)であり、悲惨なものであることは言うまでもない。人類は文明化とともに、数千年にわたって戦争をなくす努力を続けてきた。すでに4000年前の古代メソポタミア文明の粘土板に、戦争に反対する記述が見られる。しかし、戦争に対して感情的肯定的態度がいつの時代にも世界中どの地域においてもしばしば見られたことも事実である。第二次世界大戦後の現代史を振り返っても、毎年世界のどこかで戦争は起きている。

安定を脅かす「悪い戦争」

人間から敵意や憎悪や嫉妬がなくならない限り、世界から戦争がなくなることはないであろう。また、人間と遺伝子の99％を共有するチンパンジーも、集団で殺し合いをすることが知られている。

多くの社会学や心理学の研究により、人間の本能と戦争との切っても切れない関係が明らかになった。心理学者のフリューゲル（J. Flugel）やクレッチ（D. Krech）は、戦争は個人をさまざまな悩みや束縛から解き、破壊する欲求を満たしてくれるものであると主張している。戦争が始まると社会的結合が強化され、鬱病患者が減少するという報告（加藤諦三）もある。

人間と不可分の関係にある戦争は、全て人類の生存を脅かす悪なのであろうか。毛沢東は、平和と進歩のための戦争は良い戦争である、と述べている。現代の国際社会には国連や国際法が想定する正義の戦争が存在する。国際社会は世界の秩序を維持するために、その安定を破壊する行為を抑止するメカニズムを備えているのだ。

人間の健康を脅かす病気があるように、国際社会には安定を脅かす戦争が存在する。病気を治すために内科的措置と外科手術が必要であるように、国際社会の病気である戦争を治すにも内科的措置と外科手術が必要である。

内科的措置とは、戦争の主要因となり得る貧困をなくす経済援助や、他の社会矛盾を減らす支援活動などであろう。内科的措置が十分に効果を上げず、発作として戦争が発生した場合は、外科手術としての軍事行動が必要になる。

「正義の戦争」の３パターン

平和と安定を取り戻すには、まず戦闘を止め、その戦闘停止の状態を維持し、社会を再建する、というプロセスを経なければならない。社会の再建は内科的措置であるが、戦闘を止め停戦を維持するプロセスには、軍事力という外科手術の役割が重要になる。

国際社会の病気を治す外科手術（正義の戦争）には、次のようなパターンがある。第一は、世界には良い国と悪い国があるという考え方である。すなわち、悪い国が良い国を侵略する戦争が国連や国際法が禁止する戦争であり、悪い国の侵略戦争に反撃する良い国の自衛戦争（正当防衛）が、正義の戦争であるというものである。

悪い国の方が強くて、良い国が反撃できなければ、悪い国に反撃する能力を持つ第三国に、反撃を依頼することができ、良い国を助けて悪い国を攻撃した第三国の行動も、正義の戦争となる（集団的自衛権）。侵略された国が国連加盟国なら、国連が国連軍を組織して侵略された国を助けることになっている。ただし、朝鮮戦争を除いて「国連軍」が編成されたことはなく、今後も、侵略戦争が発生した場合は、侵略された国の個別的、集団的自衛権によって侵略戦争に対応する可能性が高い。

第二は、良い戦争と悪い平和があるという考え方である。戦争がない状態が、必ずしも人々にとって良い状態であるとは限らない。人権が抑圧された反動体制や植民地は、人々に大きな苦痛を与える。抑圧された人々を解放する革命戦争や植民地独立戦争は、正義の戦争とされている。

日本は「内科的措置」には協力

第三は、現在の国際社会で重視されつつある概念である。すなわち、国家は国民を保護する責任がある。しかし、国家に国民を保護する責任を果たす能力と意志がなく、国民が集団殺害や民族虐殺の犠牲になっているときは、国際社会が当該国家に代わり軍事行動を含む強制措置を取ることで、その国の国民を保護すべきであるという考え方である。この「保護する責任」は内政不干渉原則に優先すると国連は考えている。この考え方は2006年4月の国連安保理決議1674号で確認された。

いずれの正義の戦争も、国際社会を安定させることを目的としている。現代の世界は、冷戦時代に米ソの巨大な軍事力によって押さえ込まれていた、世界各地の歴史的、民族的、宗教的対立が再燃しつつある時代である。国際社会の安定を維持するためには、正義の戦争は不可欠である、と国連は考えている（国連憲章第7章）。

日本は、これまで国際社会の病気を治す内科的措置には積極的に協力してきた。しかし、経済力の限界が見えてきた日本の国際的影響力を維持するためにも、世界から「正義の国」として尊敬される国になるためにも、大きな危険と犠牲を伴う外科手術に積極的に参加し、国際社会の安定に貢献する時がきているのではないか。

■戦闘を忌避する現代日本の文化

軍隊は戦闘する集団である。「死ぬまで働け」「死んでも放すな」という会社もあるようだが、軍隊は比喩ではなく本当に死ぬまで働く。軍隊の本質は「戦友は助けよ、自身は死すべし」（ロシア軍のスローガン）というものであり、「1人の戦死者を回収するために3人の海兵隊員の犠牲をいとわない」（米海兵隊のスローガン）という組織である。

軍隊が成り立つ三つの要素

軍隊の戦闘力は三つの要素で成り立っている。①文化、②訓練、③教育、である。

①兵士が死ぬまで戦うかすぐに降伏するか、戦う限度を決めるのは、その国の文化である。戦争に勝つとは、損害が許容限度を超える前に戦争目的を達成することであり、戦争に負けるとは、戦争目的を達成する前に損害が許容限度を超えることである。

損害の許容限度はその国の文化が決める。損害の許容限度は死傷者に痛みを感じる「死傷者感受性」の問題でもある。ただし、その限度は戦争目的によって変化する。戦争目的が死活的に重要である場合は許容限度が上昇し、周辺的な場合は低下する。

②軍事訓練は、兵士の戦闘技術を向上させ行動を自動化する。軍事訓練を受けない集団では、臆病者はすぐに逃亡し、勇敢な者は無謀な行動で無駄に死ぬ。軍事訓練の要点は組織的行動である。古代ローマでは「生まれながらの勇者はいない。勇者は訓練と軍紀によって育てられる」（ウェゲティウス）と言われた。

③教育は、兵士に戦う目的を与える。「正義の戦い」「聖戦」のためなら兵士はよく戦う。兵士は自分の命よりも大事なもののために戦う。教育は兵士に民族や国家は個人の命

より価値があると教える。宗教は兵士に「天国への近道」を教える。戦国時代に最も戦闘力があるといわれた一向宗門徒は、「進者往生極楽、退者無間地獄」と書いた旗を立てて戦った。

さらに、教育の重点は「戦闘意欲を最も高進させる要因は、イデオロギーや対敵感情ではなく、部隊を構成する兵士の間に培われた家族同然の精神的連帯感である」（マーシャル米陸軍元帥）という点である。

兵士も人間であり生存本能がある。自分が生き残るように行動すれば、「戦友は助けよ、自身は死すべし」は無理である。しかし、人間は本能的に自分の身を守ると同時に家族を守ろうとする。家族を守るのも人間の本能である。

したがって、兵士の間に家族同然の精神的連帯感が生まれれば、兵士は本能的に自分の身を犠牲にしても家族である戦友を守ろうとする。家族とは一緒に生活している人間の集団であり（一次集団）、兵士を兵舎で共同生活させる目的は、兵士の間に家族同然の精神的連帯感を生み出すためである。

死傷者への感受性が高い日本

序章で述べたように、日露戦争では、戦争目的を理解せず、任務を遂行することは義務であるという意識に欠ける日本兵は、攻撃前進では積極的に行動するが、逆に恐怖に耐えることが要求される孤立した防御戦闘では、恐怖に耐えられなかったと陸軍省は評価していた。戦前の日本では、「死傷者感受性」が低い文化と、「月月火水木金金」と言われた猛訓練が日本軍の戦闘力を向上させた。

自衛隊は創設以来1人の戦死者も出さず1人の敵も殺したことがない。戦場では実戦を重ねて血に塗(まみ)れた兵器が信頼される。すでに1000人以上の死者が出ている国連平和維持活動（PKO）で、1人でも自衛隊員に戦死者が出れば内閣が倒れるともいわれる日本は、おそらく世界で最も死傷者感受性の高い国であろう。カナダ政府はアフガニスタンへ兵士を派遣し100人を超える戦死者が発生したが、犠牲者の数は、カナダ国民の損害の許容限度を超えず派遣は継続された。

75年以上戦争を経験したことがない現代日本で、戦闘力を引き下げる最大の力は、勇気や自己犠牲を否定し死傷者感受性が極端に高い戦後日本の文化である。

■中国共産党は戦争を躊躇しない

中国は１９４９年の建国以後、朝鮮戦争、中印戦争、中ソ国境紛争、中越戦争、南沙海戦など主として国境の外で戦ってきた。現在も東シナ海や南シナ海で周辺国を威嚇している。中国共産党の戦争体質を検証する。

戦争のアクセルとブレーキ

国際政治を見ると、①軍事政権、②独裁政権、③「構造的暴力（間接的暴力）」がある国、④民族主義国家、⑤戦争のコスト（都市化、対外依存度、少子化）が小さい国、は軍事力を使って問題を解決しようとする傾向がある。

軍事政権では軍人が政策を決める。軍人は戦争の専門家であり、戦争で問題を解決しようとする傾向がある。

独裁政権は国民の支持ではなく、軍隊や警察といった強制力によって支えられている。外敵が存在すれば、外敵から国民を守るという名目で軍事力を強化することができる。国民は自分たちを外敵から守る軍事力強化を支持するだろう。外敵が存在すれば、強制力の強化と国民の支持を同時に手に入れることができる。このため独裁政権は、外敵をつくる傾向がある。

「構造的暴力（間接的暴力）」とは戦争以外の暴力である。「構造的暴力（間接的暴力）」があるとは、自然災害や伝染病、政治的弾圧などによって多数の死者が発生する状況をいう。戦争以外の原因で多数の死者が発生するような国では、多数の死者の発生を防ぐために戦争を避けるという思想は二の次になる。

民族主義も戦争に傾きやすい。民族主義や愛国主義は人々に「民族や国家の価値は個人よりも高い」と教える。そのような国では、人々は自分の生命よりも価値がある民族や国家のために、自分の命を惜しまずに戦う。

一方、戦争のコストを見ると、戦争で物流が滞れば、外部の供給に頼る都市は混乱する。他方、農村は自給自足が可能であり、都市化するほど国家は戦争に対して脆弱（ぜいじゃく）になる。戦争になれば対外貿易は縮小するため、対外貿易に依存する国家は、戦争を避ける傾向がある。

また少子化の進行も若年層を減らし、兵士の供給源を縮小させる。国家の繁栄に不可欠な若年層が戦争によって消耗すれば、国家は危機的状況に陥ってしまう。よって少子化は戦争に対する強力なブレーキになる。

民族主義を煽る「兵営国家」

次に、中国は戦争する条件を持っているか検証する。

１９８０年代、党総書記は胡耀邦、趙紫陽であり、最高指導者の鄧小平は共産党のトップではなかった。肩書は党中央軍事委員会主席である。すなわち、党中央軍事委員会主席は党総書記よりも権力があった。毛沢東は「鉄砲から政権が生まれる」と言っている（『毛沢東選集』）。現在は党総書記と党中央軍事委員会主席は同一人物（習近平氏）である。現代の中国は軍と党が一体化した「兵営国家」である。

さらに中華人民共和国憲法の前文には「中国の諸民族人民は、中国共産党の指導の下、人民民主独裁を堅持しなければならない」と明記されている。人民民主独裁とはプロレタリアート独裁、すなわち共産党独裁である。

「構造的暴力」も存在している。建国後、共産党は経済不振を脱却する「大躍進」（１９５８～61年）を唱え、その後「文化大革命」（１９６６～76年）を開始した。「大躍進」では非現実的な農業政策や工業政策によって1000万人から4000万人が餓死し、「文化大革命」では多くの国民を巻き込む権力闘争によって数百万人から1000万人が死亡した。他方、戦争による死者は朝鮮戦争が50万人から100万人、中越戦争は2万人である。

一方、中国の民族主義の状況はどうか。現代中国は政治が共産主義、経済は資本主義という矛盾を抱えている。これを解決するために共産党政権は、共産主義でもなく資本主義でもない「中華民族の偉大な復興」という民族主義をスローガンにして正統性を維持しようとしている。

「専守防衛」は愚策と認識

戦争のコストについてはどうか。経済発展に伴って3億人が農村から都市へ移動し、21世紀に入ると、農村人口は全人口の4割まで低下した。毛沢東が人民戦争を構想していた時代の中国では農村人口が8割を超えていた。

また、貿易依存度すなわち国内総生産（GDP）に対する貿易額（輸出額と輸入額の合計）の比率は、1950年代は10％台であったが、2019年には30％に増大した（Global

Note)。戦争になって対外貿易が縮小すれば中国経済は深刻な打撃を被る。中国には中東からのシーレーンを守る軍事力はない。

「一人っ子政策」によって中国では出生率が低下し、２０１１年には生産年齢人口の減少が始まった。２０２０年の合計特殊出生率は１・３まで低下した（日本の合計特殊出生率は１・３）。２０１６年に「一人っ子政策」が廃止されたが、少子化の傾向は続いている。少子化の時代に多数の兵士を消耗する人海戦術は無理である。

現在の中国は戦争のコストが上昇しているが、基本的に戦争する国の条件を満たしている。

毛沢東は「専守防衛」を愚策と言い、「積極防衛」を主張した（「遊撃戦論」）。中国が戦争を躊躇（ちゅうちょ）することはない。

■最終段階に入る対日「人民戦争」

過去の世界史を見ると、国家間の力関係が大きく変化するとき（パワーシフト）、すなわち強者が弱者になり弱者が強者になるとき、強者を追い越した弱者が、弱体化した強者を一挙に叩く機会主義的戦争が発生する傾向があった。現在の日中関係を見ると、パワーシフトが進行している。２００４年に中国の軍事費が日本の防衛費を追い抜き、10年には国内総生産で中国が日本を追い抜いた。

毛沢東思想の「持久戦論」

パワーシフトを中国の軍事戦略に翻訳すると、次のようになるだろう。

資本主義的発展を続ける共産主義国家中国では国民の価値観が混乱している。しかし、毛沢東思想だけは誰も反対できない絶対的権威を持ち、共産主義体制を支える大黒柱である。中国共産党の毛沢東に対する公式の評価は「功績第一、誤り第二」であるが、中華人民共和国は毛沢東によって建国されたのであり、「偉大な愛国者、中華民族の英雄」という評価を中国共産党が変えることはできない。中国憲法にも国民は毛沢東思想を学び従わなければならないと記されている。習近平国家主席も毛沢東を重視していると思われる言動がしばしば見られる。

毛沢東思想とは人民戦争理論である。人民戦争理論を代表する「持久戦論」は日中戦争の中で執筆されたものであり、「弱い中国」が「強い日本」に勝つ戦略を構想したものである。

「持久戦論」は次のように述べている。日本は強力な帝国主義国家で、軍事力・経済力は東洋第一である。したがって、中国は日本に連戦連勝できない。しかし、日本は国土が小さく、人口、資源が欠乏し、長期戦には耐えられない。

一方、中国の軍事力・経済力は日本に及ばない。しかし中国の国土は大きく、資源が豊富で人口・兵力が多く、長期戦に耐えることができる。敵が強く味方が弱いという状況の中で、速決戦を何回も展開することによって、抗戦能力を強化する時間を稼ぐと同時に、国際情勢の変化と敵の内部崩壊を促進する。このようにして戦略的持久を達成し、戦略的反攻に転じて侵略者を中国から駆逐する。

21世紀は戦略的対峙の時期

「持久戦論」は戦争を三段階に分けている。

第一段階は、強い日本軍の戦略的進攻と弱い中国軍の戦略的防御の時期である。

第二段階は、日本軍と中国軍の戦略的対峙（たいじ）の時期である。敵が最も危険だと感じているところや弱いところに向けて行動を起こし、敵を弱体化し牽制（けんせい）する。大きい力を集中して敵の小さい部分を攻撃する。この段階で中国は弱者から強者に転じることになる。

第三段階は、持久戦の最終段階であり、日本軍の戦略的退却と中国軍の戦略的反攻の時期である。最終的に日本帝国主義を包囲攻撃し、これを一挙に殲滅する。

敗戦と革命の混乱を経て、1970年代に日中が再会したとき、日本は超大国米国の同盟国であり、世界第2位の経済大国になっていた。他方、中国は文化大革命で大きな傷を負った不安定で貧しい発展途上国であった。中国にとって再会した日本は、40年前とは違う形の強敵であった。

アジアの覇者を目指す中国は、日本に対して再び人民戦争を開始した。第一段階は戦略的防御の時期であり、日中友好と尖閣問題の棚上げの時代であった。21世紀は第二段階の時期であり、戦略的対峙の時期である。中国は日本の力を削ぐために、対中強硬論の弱体化を狙って心理戦、世論戦を強化し、尖閣諸島の領海に漁船や公船を頻繁に侵入させて、サラミをスライスするように日本の権益を削り取り、他方、米国とは「新型大国関係」を目指すなど、日中の力関係を中国に有利にしようとさまざまな手段を講じている。

アジアの覇者へ進む中国

20世紀の中国軍は基本的に国内の反革命勢力を打倒する革命軍であり、海を越えて軍隊を投入する能力に欠けていた。実質的に日米同盟に対抗する術はなく、対日政策の基本は中国に不利な既成事実の発生を阻止し、現状を維持する「棚上げ」戦略であった。

また、日中戦争の経験者が多数存命した20世紀には、自分たちの村を焼き払った恐ろしい日本軍に対する恐怖感が年配の中国人の意識の中にあり、日本を挑発する対日政策を躊躇させていた。20世紀には日米同盟と中国軍の間に巨大な軍事力の格差があり、日中間にパワーシフトはなかった。

しかし、中国の経済力と軍事力の急速な拡大によって、中国人の意識の中で日本に対する恐怖感や劣等感は消えた。中国のネット世論は日本に対する優越感に満ちている。中国軍の軍艦や軍用機は日本の2倍から3倍になった。中国は核兵器を保有し日本に核兵器はない。

毛沢東の「持久戦論」から現在の日中関係を見ると、現段階は「持久戦論」の第二段階から第三段階に移ろうとしている時期である。中国はできるだけ早く第二段階を通過して第三段階に進み、アジアの覇者の地位を固めようとしている。

■「相互確証破壊」で核に対抗を

中国や北朝鮮は核兵器を持っている。北朝鮮は「戦争になれば日本は放射能雲に覆われる」(『労働新聞』2017年5月2日)と威嚇して日本海へミサイルを発射した。日本はいかにして大量破壊兵器の脅威に対抗すべきか。

貧乏国が固執する魅力的兵器

大量破壊兵器の中で、化学兵器と生物兵器は国際条約の化学兵器禁止条約(CWC)と生物毒素兵器禁止条約(BWC)によって使用・保有・開発が禁止されている。他方、核兵器は「核兵器による威嚇・使用は一般的に国際法に反するが、国家の存亡が懸かる自衛のための極限的状況下での核使用は合法とも違法とも言えない」(国際司法裁判所、1996年7月8日)というものである。また、「原爆の技術そのものが悪魔性を帯びているのではなく、その技術を使う国の意思によってその性格が決まる」(ガンジー・インド首相)という見方もある。

さらに、核兵器には別の側面がある。「核兵器が存在する世界では、最強の国家の半分以下の経済力の国家でも大国の地位を保持することができる」（ケネス・ウォルツ）と言われている。

核兵器は低コストで通常兵器の劣勢を相殺する。１㎢に展開している敵を殲滅するために、通常兵器を使用すれば２０００ドル、核兵器では８００ドル、化学兵器では40ドル、生物兵器では１ドルかかる。すなわち、核兵器は貧乏国にとって魅力的な兵器である。中国も貧しかった時代、通常兵器を近代化する経済的余裕がなく、安価な核兵器とただ同然と見なしていた人民の命を大量消費する人民戦争によって米軍に対抗しようとした。

１９６３年、中国政府は「たとえズボンを穿かなくても核兵器を作る。米帝国主義の核恫喝（どうかつ）の前で土下座することはない」（陳毅外交部長）と主張した。１９６５年、パキスタンも「インドが核兵器を持てば、国家の名誉を守るためにわれわれは草や葉を食べても核兵器を持つ」（ブット人民党党首）と述べている。北朝鮮も「米国が制裁ごときで民族の命であり国の宝であるわれわれの核抑止力を奪えると思うのなら、それ以上の妄想はない」と言っている。

現代世界では国家が最高の権力を持っており、これらの国家に核兵器を放棄するように命令できる機関は存在しない。したがって、これからも核武装を図る国家は現れるだろう。他方、「米国は通常兵器の分野で圧倒的に優位な立場に立っている。したがって、核兵器を全廃し、通常兵器のみが存在する世界になれば米国の優位は万全になる」という意見も米軍の中に存在する。

恐怖が支えた冷戦の「平和」

さらに核兵器には飽和点がある。核兵器の破壊力は巨大であり、敵国の中枢を破壊できる核兵器があればそれ以上の破壊力は不必要になる（飽和点）。しかし、通常兵器は破壊力が小さく、短期間かつ限定された数の兵器で敵国の中枢に致命的な損害を与えることは困難である。敵の中枢を破壊するためには、より大きな破壊力を延々と追求しなければならない。通常兵器の近代化競争には限度がない。

冷戦時代、フランスの対ソ抑止戦略はソ連の国力の15％を破壊することであった。15％の国力の破壊はソ連が耐えられる限度を超えるとフランスは考えた。フランスの計算によれば、フランスとソ連の核戦力の差から、戦争になればソ連の国力の15％、フランスの国力の90％が破壊され、共に致命傷を負うことになる。15％を破壊されても90％を破壊されても耐え難い損害を受けたという心理的ダメージは同じである。フランスの抑止戦略は、ソ連がフランスを攻撃すれば、ソ連は少なくとも片腕を失うことを保証することであった。フランスは核ミサイルを搭載した６隻の原子力潜水艦で、このメカニズムを保証しようとした。

冷戦時代の米ソの抑止戦略も同じであり、戦争になれば共に滅びる「相互確証破壊（ＭＡＤ）」戦略であった。この恐怖の構造が冷戦時代の「長い平和」を支えたのである。

現代科学が新たな抑止を可能に

核兵器保有国が核兵器を放棄することを期待するのは非現実的である。核兵器による攻撃を抑止するためには、核兵器を放棄するようにお願いするよりも、歴史的に証明された「相互確証破壊」による抑止システムが効果的である。

ただし、日本が核武装を拒否する道を選ぶのならば、核兵器以外の手段による「相互確証破壊」を追求すべきである。現代科学は核兵器によらない「相互確証破壊」を可能にしつつある。高精度長射程ミサイルや人工知能を搭載した無人兵器などが開発されている。米国も原子力潜水艦に搭載したミサイルの弾頭の一部を核兵器から通常兵器に変えた。

また、核兵器は道徳的に悪であると考える国は、核兵器による報復を躊躇するかもしれない。報復がないと攻撃側が考えれば先制攻撃を抑止できない。他方、通常兵器による報復は罪悪感がなく確実に実行されるだろう。

抑止のポイントは、人間を動かす最大の動機は恐怖だということである。

■尖閣を守る日米同盟と「核の傘」

2016年6月、中国海軍の軍艦が相次いで沖縄周辺の接続水域と領海に侵入した。中国は、南シナ海における日本の活動を牽制し、南シナ海に手を出さないように警告したのであろう。現在、中国は日本と戦争する気はないが、対立をエスカレートする力を持っている。安全保障の基本は最悪の事態を考えることである。

中国が尖閣諸島に侵攻してきた場合、戦争はどのような経過をたどるか検討する。

戦争をレベルアップさせる中国

戦争は、①中国の侵攻を日本が撃退する、②中国が尖閣諸島を占領する、という二つの場合が考えられる。

①の場合、中国には（イ）尖閣諸島占領を断念して撤退する、（ロ）戦争をレベルアップする、の二つの選択肢がある。

（イ）の場合、戦争に負けるという大失策を犯した共産党に対して、国民の不信感と共産党を支える軍の不満は増大し政権は不安定化する。ただし、この段階で戦争をやめれば、死傷者に対する感受性が低い中国社会では政権にとって致命傷にならないだろう。

しかし、敗戦は「中華民族の偉大な復興」を標榜(ひょうぼう)する共産党の正統性に大きな傷をつける。故に、共産党は敗戦を避けるために、（ロ）を選択する可能性がある。

尖閣諸島占領に失敗しても中国軍が致命傷を受けたわけではない。中国には初戦の失敗を挽回するために戦争をエスカレートする十分な力が残っている。中国が配備する核兵器による戦争になれば、核兵器を保有しない日本に勝つチャンスはない。

中国が日本を核兵器で威嚇した場合、日本には（ハ）中国の核威嚇に屈して尖閣諸島から撤退する、（ニ）日米安保条約に基づき米国に支援を求める、の二つの選択肢がある。

（ハ）の場合、重要な国益を失った政府は、国民の厳しい批判を浴びて政権を維持できないだろう。故に、日本政府は（ニ）を選択する可能性が高い。（ニ）の場合、米国には

（ホ）日本の支援要請を断る、（ヘ）日本に対する「核の傘」を起動させる、の二つの選択肢がある。

日本への核威嚇は機能しない

（ホ）の場合、日米同盟は破綻する。太平洋の西端に位置する日本は、経済力や軍事力で米国が太平洋を支配するために不可欠の役割を果たしており、日本が離反すれば、世界の海を支配する覇権国家としての米国の地位は大きく揺らぐことになる。米国が世界の覇者の地位を維持しようとすれば日米同盟を失うコストは大きい。

しかし、日本を支援することによって中国との大戦争になればそのコストも巨大である。過去の戦争を分析すると、戦場が本土から隔絶した場所に限定され、本土を攻撃した場合のコストが大きく、双方に戦争を拡大する意思がない場合は戦争を小規模に限定することができる。戦争が小規模ならばコストも小さい。米国はコストが小さい方を選択する。

米国が（ヘ）を選択し、中国の対日核威嚇を抑止しようとする場合、中国には（ト）米国の核威嚇に屈して日本に対する核威嚇をやめ、尖閣諸島を放棄する、（チ）米国の核威嚇に核兵器で対抗する、の二つの選択肢がある。

（チ）の場合、数千発の核弾頭とミサイル防衛システムを持つ米国と、数百発の核弾頭を持ちミサイル防衛システムがない中国との核戦力には大きな差があり、核戦争になれば米国は中国を圧倒できる。故に、中国が核戦争に踏み切る可能性は低い。

米国による「核の傘」が機能すれば、日本に対する中国の核威嚇は機能しない。すなわち、尖閣諸島に対する日本の支配に変化はないということになる。

平時の防衛力強化が肝要

中国が尖閣諸島を占領する②の場合、自力で尖閣諸島を奪回できない日本は米国に支援を求め、世界の覇者の地位を守りたい米国は日本を支援する。米国の「核の傘」によって中国の核兵器は封じ込められ、争いは通常兵器の戦争になる。通常兵器の分野でも米国が中国を圧倒しており、日米の通常兵力による低コストで小規模な奪回作戦によって尖閣諸島を占領した中国軍を排除できる。ただし、米軍が戦うのは日本の兵士が米軍兵士の前で戦う場合である。日本の兵士が米軍の後ろにいれば米軍は戦わない。

日米同盟が機能すれば、②の場合でも尖閣諸島は日本の支配下に戻ることになる。中国海軍が東シナ海で自由に動けるのは、中国軍にも「航行の自由」が認められる平時だけである。南沙諸島の岩礁を埋め立てた軍事基地も米軍が攻撃すればひとたまりもない。

ただし、戦争を早く終結させるためには、中越戦争のように「戦争に負けたのではなく、敵に十分な教訓を与えたから撤退した」と中国が主張できる逃げ道を残すことも考慮すべきだ。

いずれにしても、②の場合の奪回作戦の人的物的コストは、①の場合の中国の侵攻を撃退する防御戦闘よりも大きくなる。

故に、できるだけ小さいコストで東シナ海の現状を維持するためには、平時の防御力を強化して日本に不利な既成事実をつくらせないことが肝要である。

■日米同盟ある限り米中戦争なし

大規模戦争は核兵器が阻む

現在、米国は数千発の核兵器と数百発の大陸間弾道ミサイル（ＩＣＢＭ）を保有し、10隻以上の航空母艦を実戦配備する世界最強の国家である。他方、中国は航空母艦を建造し、数百発の核兵器を保有し、数十発の大陸間弾道ミサイルの近代化を進めている。米中の軍事バランスは逆転するのか。

戦争には大規模戦争と小規模戦争がある。米中両国が大規模戦争に入れば、双方とも核兵器による攻撃にさらされる可能性がある。現在の両国に、核兵器による被害を上回る戦争の利益は考えられない。したがって、米中間に大規模な戦争が発生する可能性は低い。

では小規模戦争が発生する可能性はあるのだろうか。双方が核兵器を配備していれば、核戦争につながる大規模戦争は抑止できる。大規模戦争を抑止できれば、戦争は小規模のうちに終わらせることができる。小規模戦争は被害が少なく、勝利することによって得られる利益が被害を上回る可能性もある。国家間の関係を外交というが、世界の常識では外交（強制外交）の中に軍事力による威嚇や行使（小規模戦争）も含まれる。

パワーシフト理論によれば、戦争は現状を変更しようとする現状変更国の軍事力が現状維持国の軍事力を上回った場合に勃発する。現在、米国は世界の覇者であり、現状維持が米国の利益である。他方、中国は東シナ海や南シナ海で現状を変えようとしている現状変更国である。現状変更国中国の軍事力が、現状維持国米国の軍事力を上回った場合に、戦争が発生する可能性が高くなる。ただし、米中間の戦争は、起きても大規模戦争ではなく小規模戦争である。

中国優位が誘う小規模戦争

小規模戦争とは、地域が限られ兵器も制限された戦争である。米中間の小規模戦争は、中国の軍事力が米国の軍事力よりも優位に立つ可能性がある場所で発生する。今のところ米国の軍事力の総力は、中国の軍事力の総力を圧倒している。しかし、ミサイルには射程があり、軍艦や軍用機には航続距離がある。一般的に航空優勢は距離の二乗に反比例する。故に戦場が中国に近づくほど、米国から遠くなるほど戦争は中国に有利になる。

かつて、米ソが世界のあらゆる場所を大陸間弾道ミサイル（ＩＣＢＭ）で攻撃できるようになったとき、距離の遠近は戦争の大きな要素ではなくなったといわれた。しかし、小規模戦争ではＩＣＢＭをはじめ核兵器は使われない。戦場に展開できる軍艦と軍用機の優劣が勝敗を決定する。

それでは、米中戦争があり得る中国近くの東シナ海や西太平洋において小規模戦争に突入したら、米中どちらの軍事力が有利か。

歴史的に戦争は高地を支配した側が有利である。現代の戦争では、空を支配する側が戦場を支配する。軍用機の戦闘行動半径は数百～２０００㎞ほどであり、小規模戦争で使用されるミサイルの射程も数百～２０００㎞ほどである。したがって、軍用機もミサイルも、戦場に数百～２０００㎞ほどの距離まで近づかなければならない。逆にいえば、小規模戦争の戦場は、空母がない限り基地から数百～２０００㎞ほどの位置に絞られる。

基地で東シナ海は米有利に

米国は先に述べたように、移動基地ともいえる空母を10隻以上実戦配備している。戦場がどこであっても、空母が搭載する数百機の軍用機を戦場に投入することができる。

他方、中国は空母の運用に未熟であり、戦場は陸上基地から数百～２０００㎞ほどの場所に限定される。南シナ海でもスプラトリー（南沙）諸島に基地を建設しなければ、中国の軍事力は南シナ海全体に及ばない。ベトナムやフィリピンと領有権を争う南沙諸島で一方的に埋め立てをして基地建設を進める理由も、そこにある。ただ、陸上基地の数は米国の空母より多く、発進できる軍用機の数も米軍を上回っている。また陸上基地からは多数のミサイルも発射できる。

中国の陸上基地対米国の空母という図式では、米軍が必ずしも有利とはいえない。しかし、戦場が東シナ海にある場合には、戦場から数百～２０００㎞ほど離れた場所に日本がある。日本の基地を利用できるから、米軍は空母と陸上基地を持つことになり、中国より有利な立場に立つことができる。

したがって、日米同盟が機能していれば、戦場が中国に近く米国から遠い東シナ海であっても、米国は小規模戦争を有利に展開できる。日米同盟が機能する限り、東シナ海において米中間に軍事力の逆転は発生せず、パワーシフト論から見た米中戦争の可能性は低いのである。東シナ海や西太平洋の平和を維持するキーポイントは、日米同盟の存在ということになる。

■日本は中国の「贖罪の山羊」か

国内矛盾転嫁に最適な尖閣

最近、中国軍の無人機が尖閣諸島周辺に現れるようになった。尖閣をめぐる日中間の対立は新しい段階に入ったのであろうか。

そもそも、中国共産党政府が尖閣問題で日本と対立する目的は、国内矛盾の深刻化に伴い高まりつつある国民の不満を外に転嫁するためである。長期にわたる反日教育の結果、7割から9割の国民が嫌っている日本は、中国の国民の怒りの矛先を共産党から外へ転じる「贖罪の山羊」（スケープゴート）として最適の国である。

国民がよく知らない国をスケープゴートにしても国民は盛り上がらない。また、強大な軍事力を持ち、挑発するとすぐ反撃してくる攻撃的な国家も危険過ぎてスケープゴートには適さない。平和憲法を持つ優しい日本は、安心して挑発できる格好のスケープゴートである。基本的に尖閣をめぐる中国の行動は、国内問題が動機であって日本の行動に対する反応ではない。

スケープゴート戦略の目的は、国民の敵愾心を煽り国内矛盾から国民の目を逸らせることであり、実際に戦争することではない。戦争のコストは予測が難しく、負ければ共産党政権の存続が危機的状況に陥る恐れもある。戦争すると負ける可能性の高い国は、スケープゴートとして不適当である。

スケープゴート戦略の本質は国内向けの人気取り政策である。したがって、中国政府は、対立のレベルが下がり過ぎて国民が尖閣への関心を失うことがないように、同時に、対立のレベルが上がり過ぎて体制の存続を脅かす大規模戦闘に発展しないように、慎重にコントロールしようとしている。中国では、共産党中央宣伝部や公安省が報道や世論を管理し、反日デモや反日SNSを統制している。共産党はネット世論を誘導するため投稿も指示している。

挑発に強く反撃できるのか

このような枠組みの中で、日本が中国の使いやすいスケープゴートにならない条件とは何か。

良いスケープゴートの条件は、挑発しても反撃しない国である。中国の高校の教科書には、19世紀にロシアの軍事的圧力の下で結ばれた不平等条約により、アムール川の北側とウスリー川の東側合わせて日本の国土の4倍近い150万㎢（尖閣諸島は6㎢）の固有の領土が奪われたと書かれている。ロシアは中国国民の敵意の対象として十分な資格を有するものの、強力な軍事大国でありスケープゴートにするには危険過ぎる。

日本もロシアや米国のように、挑発には強く反撃してくる国だと相手が認識すれば、スケープゴートに適さなくなり、相手国のスケープゴート候補リストから削除されることになる。

日本は挑発に反撃できるのか。日本人には感情的に戦争を拒否する人が多い。しかし、戦死者が出なければ戦争への拒否感は低くなるだろう。戦場で戦う兵士の数が少なくなれば、失われる人命も少なくなる。戦場の無人化が進めば、戦争の敷居は低くなる。全国民が兵役に就く国民皆兵制度は、全国民が戦争を自分自身の問題として考えるようになる結果、戦争を抑止できる最も効果的な体制だとする研究もある。

現在、戦場の無人化は、ロボット兵器の導入によって進められている。従来、平和国家が戦争を始めるに当たって、平和に慣れた国民に求められたのは、「殺すことと死ぬことに慣れること」であった。ロボット兵器は殺すことと死ぬことから国民を解放する。ロボット兵器は平和に慣れた国民の戦争嫌悪感や戦争拒否感を大きく減少させるだろう。米国が近年、多用する巡航ミサイルは、有人攻撃機と同等の正確さで目標を攻撃できる無人自爆攻撃機であり、攻撃する側の人命損失ゼロを保証する武力行使を可能にした。

戦場の無人化で危険な山羊に

国家の行動は、国益とコストのバランスの結果である。国益がコストより大きければ国家は行動し、コストが大きければ国家は行動しない。これまで米国は死活的に重要な国益を守るためには多数の兵士の損失に耐えた。半面、周辺的な国益を守る戦争では少数の兵士の犠牲も避ける傾向があった。戦場の無人化によって戦争における米軍兵士のコストが低下すると、従来は消極的であった周辺的な国益を守る戦争でも、米国は躊躇しない可能性、例えば東アジアの小戦争に参加する可能性も高くなる。

戦場の無人化は、科学技術に優れた豊かな国家だけが実行可能である。現代世界は、科学技術水準の低い貧しい国や武装集団でも、人命の損失を厭わなければゲリラ戦やテロによって大国に挑戦できる時代であるといわれてきた。しかし、戦場の無人化は、再び科学技術に優れた大国が戦場を支配する時代をもたらすであろう。現在、テロリストに対する攻撃の主役は無人機である。

核兵器と通常兵力の数が戦場を支配している時代は、アジアにおいて中国は圧倒的な力を持っている。他方、核兵器を保有せず、国土も狭小で資源に乏しい日本は軍事大国になる条件に欠けている。しかし、パラダイムが変化する未来の戦場では、科学技術が数を圧倒して戦場を支配する可能性がある。「贖罪の山羊」が危険な山羊になれば、もはやスケープゴートになり得ない。

■「大戦の教訓」学ぶべきは中国だ

中国が尖閣諸島上空を含む「東海防空識別圏」の設定と、圏内を飛ぶ全航空機に飛行計画の事前提出を求める航空機識別規則を発表した（２０１３年11月23日）。一方的な措置への非難は日米にとどまらず、韓国、台湾、東南アジア、オーストラリア、欧州にまで広がった。

防空圏設定は「国内問題のすり替え」？

中国国防部の楊宇軍報道官は「関連の準備作業が終われば、その他の防空識別圏を適時に設定していく」と南シナ海などへの防空識別圏設定も示唆した。日米などの抗議には「とやかく言うな」と反論している。中国中央テレビは「中国の防空識別圏について問題にする者もいるが、われわれは構わずやるべきことをやるのみだ。中国が権益を擁護することを気に入らない者もいるようだが、それでも最終的に慣れざるを得なくなるだろう」と報じている。

この防空圏に彭佳嶼（台湾北東の島）が含まれていないことについて、台湾の立法委員、丁守中氏（中国国民党）は「台湾に対する善意の表れだ」と評価し、黄介正台湾淡江大学教授は「大陸は20年前まで飛行機による逃亡を恐れ、軍用機が沿岸から遠く離れることを許さなかったが、今では台湾に対して一定の自信を持っていることを示している」と言う。

ただし、中国共産党の中央党校機関紙『学習時報』の副編集長を解任された鄧聿文氏は防空圏設定の目的について、①厳しい周辺情勢と国際情勢の緊張は、国内矛盾から人々の目をそらすことができる、②新しい指導者は早急に権威を確立する必要があり、そのためにこれまでの政策を変える必要がある、③中日、中米関係の緊張は最高指導部が党内の異論を抑える上で役立つ、と指摘し、「国内問題のすり替え」だと主張している。

党機関紙『人民日報』系の国際情報紙である『環球時報』は「直接的な軍事摩擦からまだ相当の距離がある。現在、双方が競っているのは外交レベルの意思である。衝突があっても『戦争』は問題外で、『面子を攻撃する』ものだ。行動の大半は世論に見せるものだ」と述べていた。

「絶対国防圏」を目指す?

２０１２年11月の第18回党大会が「海洋強国の建設」を打ち出してから、中国は海洋進出を加速させている。習近平国家主席は「中日の争いが資源争いから戦略的争いに変化している」と語った。香港紙『明報』は「東海防空識別圏設定の主目的は対米挑戦で、米国が定めた現状を打ち破るため探りを入れることだ」と伝えた。

１９９０年代に中国共産党が構想した海軍発展戦略によると、中国は経済発展を支える沿海地域を守るため、海岸線からできるだけ遠い海域に多層の防衛線を張ろうとしている。２０１０年までに沿岸から１０００km離れた第１列島線（沖縄―台湾―フィリピン）に、さらに20年までには、３０００km離れた第２列島線（小笠原諸島―マリアナ諸島）に、40年には西太平洋に防衛線を築こうとしている。

中国にとって沿岸部は、経済的繁栄を支える重要地域である。また、エネルギー資源の純輸入国になった中国は輸送をシーレーンに依存している。こうした中国の産業地帯と海上交通路は、海からの攻撃に対して脆弱（ぜいじゃく）である。

冷戦時代にソ連の太平洋艦隊は米空母戦闘群の接近を阻止するために、日本列島の沿岸線から1000㎞以上離れた地点で、米軍を迎撃することになっていた。75年前、日本軍は太平洋を越えて来攻する米空母戦闘群と戦いを繰り広げた。太平洋戦争中に日本軍が立案した「捷号作戦」と「絶対国防圏」の防衛線は、現在中国が考えている防衛線である前述の第1、第2列島線とほぼ一致している。

大東亜共栄圏と中国の夢

絶対国防圏とは、太平洋戦争後期に日本が本土防衛及び戦争遂行のために絶対確保すべき地域として設定した防衛線である。千島―マリアナ諸島―トラック環礁―西部ニューギニア―スンダ列島―ビルマ（現ミャンマー）などを結んだ防衛線で、1943年9月の御前会議で決定された。しかし、強力な米空母戦闘群により破られ、マリアナ諸島を発進したB29爆撃機による本土空襲によって日本は急速に弱体化していった。

絶対国防圏を突破された日本が本土を防衛する新たな作戦が「捷号作戦」だった。作戦は「九州、沖縄、台湾と相俟って東支那海に強力な支撐を構成し、聯合艦隊は来攻する敵を迎撃撃滅して不敗の戦略態勢を確保す」というものだったが、制空権・制海権を失った日本に勝ち目はなかった。

絶対国防圏策定時に最も重視されたのが、本土を米爆撃機の行動半径外に置くことであった。中国による第2列島線設定は、本土を米空母戦闘群の直接攻撃に曝（さら）されないようにするためであろう。

現在、中国は「中華民族の偉大な復興」という「中国の夢」を掲げて太平洋に進出しつつある。80年前、大日本帝国は「大東亜共栄圏」という夢を掲げて太平洋で米軍と戦い敗北した。もし、中国が西太平洋で米国に挑戦しようとしているのであれば、「太平洋戦争の教訓」を学ぶべき国は、「現状維持国家」日本ではなく、「現状変更国家」中国であろう。

■中国との均衡こそ取るべき道だ

脅威になる国とは、面積・人口・経済力が大きく、地理的に近く、攻撃能力があり、攻撃意図もある国である（脅威均衡論）。攻撃意図とは、軍事力を使って現状を変更しようとする意志である。日本の周辺国がこのような条件を持っているか検討する。

最大の脅威はどこの国か

周辺国の攻撃能力を見ると、米国、ロシア、中国、北朝鮮は日本を射程に収める弾道ミサイルと核兵器を保有している。韓国も西日本に到達する弾道ミサイルを開発した。

次に攻撃意図を見ると、米国は日本の同盟国であり日本に対する攻撃意図を持っているとは考えられない。ロシアは北方領土を占領して日本の主権を侵害しているが、現状を変更しようとする攻撃意図はない。中国は尖閣諸島周辺の日本の領海に侵入を繰り返し、現状を変更しようとする攻撃意図がある。北朝鮮は日本人を拉致し日本の主権を侵害しているが、北朝鮮の最優先国家目標は金正恩体制の維持という現状維持である。韓国は竹島を占領し日本の主権を侵害しているが、現状を変更する攻撃意図はない。

地理的近接性を見ると、米国本土は日本から約1万km離れている。しかし、ロシア、中国、北朝鮮、韓国は数十kmから数百km離れているだけである。面積を比較すると、北朝鮮や韓国は日本より小さいが、米国、ロシア、中国は日本の25倍以上の国土を持つ。人口を見ると、北朝鮮や韓国は日本より少ないが、米国は日本の約3倍、ロシアも日本より人口が多く、中国は約10倍の人口を持っている。経済力では、ロシア、北朝鮮、韓国の国内総生産（ＧＤＰ）は日本より小さく、中国と米国のＧＤＰは日本より大きい。

周辺諸国を比較検討すると、面積・人口・経済力が日本よりも大きく、地理的に近く、攻撃能力があり、攻撃意図があるのは中国だけである。したがって日本にとり最大の脅威は中国ということになる。

日本が突きつけられる選択肢

強大な隣国の圧力にさらされた国家が進む方向は二つある。一つは追従（bandwagon）であり、もう一つの方向は圧力に対抗し、圧力に均衡（balance）しようとする方向である。もし日本が中国に対して追従の方向に進めば、中国は好意的に対応し、日本の対中貿易は増大して日本の経済的利益は拡大するであろう。

しかし、ロシア、モンゴル、北朝鮮、韓国、台湾、フィリピン、ベトナム、インドネシア、ミャンマー、インド、オーストラリア、そして米国において、中国に対抗できる日本というイメージ（ソフトパワー）が損なわれることになる。ソフトパワーとはその国に対する信頼感や好感度であり、強制ではなく同意によって人々の行動を変える力である。

もし、日本が中国に対して均衡の方向に進めば、中国は日本との貿易を拒否し、対中貿易による日本の経済的利益は縮小することになる。しかし、中国の圧力と威嚇に苦しむアジア諸国の信頼と尊敬を獲得することができるであろう。他方、日本が中国に追従すれば、中国への対抗軸としての役割を期待するアジア諸国の失望と軽蔑を招くだろう。

どちらに進むかは日本人の国家観の問題であり、軽蔑されても優しいエコノミックアニマルとして生きるのか、犠牲を覚悟して「弱きを助け強きを挫く」国家として生きるのかという問題である。

軍拡は戦争より低コスト

「均衡する」、すなわち軍事バランスを維持するというのは、必ずしも相手と同等の軍事力を持つという意味ではない。相手と同等の軍事力を持っていれば相手の軍事的威嚇は通用せず、相手の要求を拒否できる。しかし、自分に軍事力がなければ相手の軍事的威嚇に対抗することができず、相手の要求に従わざるを得ない。もし、相手の2分の1の軍事力を持っていれば相手の要求の2分の1に従うだけでよい。要するに、相手の軍事力に近づけば近づくほど相手の要求を拒否することができるのである（Strategic Surrender）。

東アジアには世界一強力な米軍と日米同盟が存在する。しかし、信用できる同盟国を持っていない中国は、危機において日米同盟が機能するとは考えない。米国から遠く離れた小さな島をめぐる争いに、米国が犠牲を払って介入することはないと考えている（『人民日報』２０１２年11月５日）。この中国の誤解を解くことは難しいが、中国が無謀な行動に出ることを抑止するためには、米軍が出てこない状況においても、日本が独力で中国軍を抑止できる態勢を築く必要がある。すなわち、日中間で軍事力を均衡させることが望ましい。

　軍事力を均衡させるために日本が軍事力を増強すれば、日中間で軍拡競争が発生する可能性がある。それは日中双方にとって大きな経済的負担になる。しかし、戦争のコストは軍拡競争のコストよりも大きい。軍拡競争によって平和が維持されるのであれば、日本はより小さなコストを選ぶべきである。軍事バランスを維持することによって平和が保たれ、ソフトパワーの競争になれば、豊かな民主主義国家である日本が独裁国家に負けることはない。

■「棍棒を持って静かに話す」国たれ

中国軍は戦える軍隊なのか

マレーシアで開かれた安全保障の国際会議（2014年）で、複数の東南アジアの研究者からこんな質問を受けた。「日本では、戦後の日本の軍隊は戦闘で1人も死なず1人も殺したことがないと自慢している人がいると新聞に書いてあったが本当か。もし本当ならば、1人も敵を殺したことがない軍隊がわれわれを助けに来てくれても実際に戦えるか不安だ」と。

一般的に、実戦で使用され血に塗（まみ）れた兵器は、戦場で確実に作動し安心して使えるというのが兵士の常識である。また、現在アフリカで平和維持軍として最も期待されているのが、実戦経験に富んだルワンダ軍である。それでは、南シナ海や中印国境で発砲を繰り返す中国軍は戦える軍隊なのか。

拝金主義で戦えるか

中国は、普通選挙も独立した司法制度も存在しない独裁国家であり、国民の不満を力で抑え込んでいる政権である。かつて1950年代末の「大躍進」や1960年代末の「文化大革命」では、飢餓や政治的迫害で数百万人から数千万人の死者を出した。毛沢東が、核爆弾で数億人の中国人が死んでも中国は戦争に負けないと豪語した背景にあったのは、人命に対する意識の薄弱化である。毛沢東時代の中国は、個人よりも全体を重視する戦時共産主義国家であり、国民の8割が死傷者感受性が極めて低い貧しい農民で構成されており、膨大な戦争の犠牲に耐える国家であった。

しかし、現在の中国では状況が変わった。一人っ子政策が徹底された結果、生産年齢人口も減少に転じ、中国でも人命意識の薄弱化が逆転しつつある。

さらに、現在の中国は、国家指導層から地方役人に至るまで汚職が蔓延した「拝金主義国家」であり、軍のトップであった中央軍事委員会副主席も収賄で党籍を剝奪されるありさまである。

軍隊と利己主義、個人主義、金儲けは両立しない。軍隊の本質は利他主義である。「戦友は助けよ、自身は死すべし」ということである。金儲けに熱心な軍人が、戦友を助けるために自らの命も顧みないということはないであろう。

中国は軍と一体化した共産党が支配する独裁国家であり、民族主義を鼓舞する好戦性の高い国である。ただし、国家の戦う力は「兵器の数や性能」と「戦う意志」を乗じたものだ。

「兵器の数や性能」が巨大でも「戦う意志」が低ければ、国家の戦う力も小さくなる。現在、中国では「兵器の数や性能」は急速に増強されているが、経済発展の中で増殖する金儲けに熱心な軍人の「戦う意志」は高くない。

良い国の規範は反軍国主義

政権の性格は軍国主義、反軍国主義、平和主義に分けられる。軍国主義は、平和的手段よりも軍事的手段を優先する。反軍国主義は平和的手段を優先し、軍事力行使を最後の手段とする。平和主義とは絶対に軍事的手段を使わないという意味であり、政策というより宗教的信念である。

すぐに軍事力を振り回す軍国主義はむろん嫌われる。他方、侵略に対して無抵抗の平和主義も、犠牲を厭(いと)う臆病で無責任な行動だとして、多くの国から軽蔑され信用されない。現代世界では反軍国主義が良い国の規範である。

資源小国である日本が、激動する国際社会の中で生き残っていくためには、国際協力が不可欠である。軽蔑され信用されない国と協力する国はない。日本が進むべき方向は、多くの国が良い国だと考える「棍棒(こんぼう)を持って静かに話す」(セオドア・ルーズベルト)反軍国主義の国である。

第2章

東シナ海、南シナ海は誰のものか

■中国による「尖閣諸島奪取作戦」

現在、尖閣諸島（沖縄県石垣市）は実質的に日本の統治下にある。しかし、中国は尖閣諸島が中国固有の領土だと主張し、さまざまな手段を講じて尖閣諸島を支配下に置こうとしている。

戦争で尖閣は取れるのか

中国が尖閣諸島を日本から奪取しようとする場合、三つのシナリオが考えられる。①軍事作戦、②国際裁判、③外交交渉、である。

軍事作戦で奪取する場合は、中国が戦争に勝たなくてはならない。戦争に関与する国は、中国、日本、米国であろう。3カ国の軍事力を比較すると、米国が圧倒的に強く、次いで中国、日本は3番手である。したがって、中国は米国と戦争すれば負ける。中国が戦争に勝つためには米国と戦争しないことが条件になる。

日本と中国の戦争は三つのレベル、すなわち核戦争、通常兵器による全面戦争、小規模な局地戦争に分けられる。核戦争や全面戦争では核兵器を持たず中国軍の10分の１の兵力しかない日本が、数百発の核兵器とミサイルを持つ軍事大国の中国に勝つ可能性はない。

しかし、中国と日本の間に大戦争が発生すれば米国が介入する可能性が高くなる。米国本土の安全や米国の世界支配を脅かすような深刻な脅威に対抗するためには、米国は大規模に軍事介入する。日本が中国に負けて中国の支配下に入れば、米国はインド太平洋戦略の要石を失い、米国の世界戦略は重傷を負うことになる。

したがって、日中間の核戦争や全面戦争に米国は軍事介入するだろう。米国が大規模に介入すれば、中国は戦争に負け、共産党政権は倒れる。中国共産党は共産党による独裁政権の維持を何よりも重視する合理的なアクターであり、自殺行為はしないだろう。

核戦争や全面戦争になれば負けた国の政府は倒れる。しかし、参加兵力が１０００人以下、死傷者が１００人以下といった小さな戦争に負けても政府は倒れない。局地戦争に負けても、小さな戦争に負けただけで、戦争を拡大すれば最終的に勝てると政府は国民に主張するだろう。その主張を国民が信じれば政府は倒れない。

また、１万㎞離れた海上に浮かぶ小さな島が、米国にとって死活的に重要な島であると米国政府が説明しても多くの米国民は納得せず、米軍が介入することに米国民は同意しないだろうと中国政府が考える可能性がある。

米国が介入しなければ、局地戦争は日中の戦いになる。兵力と戦場が限定され、中国の物的優位が生かせない局地戦争では、日中の軍事バランスは中国に有利ではない。米国が介入すれば中国に勝ち目はないが、局地戦争の場合は、米国が介入しなくても中国軍が勝てる保証はない。中国共産党が合理的なアクターなら軍事行動に慎重になるだろう。

死傷者感受性が高い日本人

ただし、もう一つ重要な側面がある。それは日本国民の損害許容限度である。もし、日中両国が尖閣諸島をめぐって局地戦争を戦い、日本側に100人、中国側に200人の損害が発生し、戦争は日本が勝利して尖閣諸島を日本が確保した場合、200人の損害は中国にとっておそらく許容限度内であるのに対して、日本は100人の損害に国民が耐えられるだろうか。もし、日本国民が100人の損害に耐えられなければ、日本は戦争に踏み切ることはできない。中国が200人の損害を覚悟して戦争すると日本を脅迫すれば、日本はたとえ局地戦争に勝利できるとしても、100人の損害を避けるために中国に屈服する道を選ぶだろう。日本から尖閣諸島を奪取する戦略として、局地戦争は中国にとって負ける可能性があっても魅力的な選択肢である。

国際裁判の場合はどうか。中国は５００年前の古文書を根拠にして尖閣諸島が固有の領土であると主張している。日本の主張は、１８９５年以来尖閣諸島を実効支配してきたという国際法上の権原（先占）が根拠である。中国は南シナ海の島をめぐるフィリピンとの争いでも同様に古文書を根拠にして領有権を主張したが、２０１６年に仲裁裁判所は中国の主張を全面的に否定した。国際裁判で中国が勝利できる可能性は低い。

外交交渉はどうか。外交交渉は基本的にギブ・アンド・テイクであり、尖閣諸島をテイクするためには日本に何かをギブしなければならない。尖閣諸島は中国固有の領土であると主張してきた中国政府が、元来自分のものである島を取り返すために日本に何かをギブすると説明しても国民は納得しないだろう。領土や主権を何か別のものと交換することは政治的に困難である。固有の領土はギブ・アンド・テイクの対象にならない。

自国の領土を守る気概

以上の状況を勘案すれば、日本から尖閣諸島を奪取できる最も可能性の高い戦略は局地戦争である。したがって、日本が局地戦争を抑止し尖閣諸島を守るためには、日本人が正義のためには犠牲を恐れない勇気ある国民であることを明確なメッセージとして中国に伝えなければならない。

毛沢東戦略通りの「尖閣奪取」

1978年、鄧小平中国副首相は記者会見で次のように発言した。「国交正常化の際、日中双方は釣魚島（尖閣諸島の中国名）に触れないと約束した。……こういう問題は一時棚上げしても構わないと思う」。しかし、二十一世紀に入ると、中国は尖閣諸島に積極的に進出するようになった。

中国の尖閣「棚上げ」戦略

「棚上げ」について、中国は当初は、次のように解釈していた。①尖閣諸島は中国固有の領土ではあるが、中国は日本による実効支配を黙認する、②軍事力は使用しない（当時は日本の軍事力が中国より強力だったため、中日両国がともに軍事力を使用しないという合意は中国に有利だった）。

現在、中国は次のように考えている。すなわち、棚上げ当時は中国の海軍力は日本に劣っており、日本の軍事力は尖閣諸島を支配できるものの、中国の軍事力は尖閣諸島に届かなかった。しかし、21世紀に入って中国の軍事力は急速に強化され、中国も尖閣諸島に手が伸ばせるようになった。「棚上げ」は日本の尖閣諸島進出を抑える上で大きな役割を果たした。中国の海軍力を尖閣諸島に投射できるようになった現在、軍事力の使用を抑止する「棚上げ」は歴史的使命を終えた。

中国共産党の行動原則は今でも毛沢東の戦略である。毛沢東の戦術として有名な「遊撃戦論」（1938年）は、日本に対し以下のような戦術で戦うべきだと主張していた。

すなわち、日本との戦争は「持久戦論」に書かれているように三段階に分けられる。「遊撃戦論」はそれぞれの段階でどのような戦術で戦うべきかを説明したものである。第一段階は、日本の進攻と中国の防御の時期である。この時期の日本は強力な軍事力を有しており、中国は戦略的守勢をとり、戦術として遊撃戦（ゲリラ戦）で小規模な敵と戦い、強い日本との戦いをできるだけ避けて逃げることが肝心である。

第二段階は、日本と中国の戦略的対峙の段階である。この段階になると、日本は兵力不足によって進攻が止まる。中国は分散的指揮から集中的指揮へ移行し、遊撃戦から運動戦へ転換して敵を牽制する。持久戦の中で日本軍は消耗し、中国は弱者から強者に転じることができる。

第三段階は、中国の反攻と日本の退却の時期であり、中国は遊撃戦から大規模な正規戦を中心に戦い敵を完全に破壊して、対日戦争に勝利する。

また、中国知識人の常識である古代の兵書『孫子』には、「兵力が敵より少ないときはあらゆる手段を講じて戦いを避けよ。兵力が敵の5倍あれば躊躇なく敵を攻めよ」と書かれている。

「遊撃戦論」の第二、三段階

現在、東アジアの軍事バランスは変化しつつある。かつて鄧小平は、中国の対外政策は「四不」（対抗せず、敵を作らず、旗を振らず、先頭に立たない）であると述べていた。しかし、中国では「30年前に比べて中国は発展し中国の要求は変化した。積極的な行動に出るべきだ」という意見が多くなっている。

中国国家海洋局は南シナ海で「十分な軍事力を見せつけて領土問題を有利に進めるべきだ」（2010年）と主張している。中国農業省も東シナ海で尖閣諸島付近の中国漁船の護衛と巡視活動の常態化を徹底することを決定した（同年）。尖閣問題は「遊撃戦論」に照らせば、第一段階である「棚上げ」から第二段階へ、さらには第三段階へと移りつつあるのである。

日本は、こうした中国の戦略にどのように対応すべきか。

現在の米中関係がさまざまな問題を抱えながら破綻しない理由の一つは、米中関係が「経済的相互依存」（win-win）関係であるよりもむしろ、「経済的相互確証破壊」（lose-lose）関係にあるからであろう。経済が破壊されるという恐怖が政治的対立を抑えている。

相互確証破壊理論のエッセンス

他方、日中間の経済関係を見ると、中国は日本の経済発展に欠かせない存在であるが、中国にとって死活的に重要な経済資源は日本に存在しない。したがって、日中間に「経済的相互確証破壊」関係は成立しない。米ソ間に核兵器による軍事的「相互確証破壊」関係が成立し、「ロングピース」といわれた冷戦の教訓を考えると、信頼関係が成熟していない２国間において、日中関係が対等であり、平和であることを望むならば、軍事的「相互確証破壊」関係を日中間に構築することが効果的である。

現在、中国は200発以上の核兵器を保有し、日本の生存に致命的打撃を与える軍事的能力を持っている。他方、日本は憲法の規定により外国を攻撃する軍事的能力がない。日中間に軍事的「相互確証破壊」関係は成立しないのである。

ただし、日本の防衛力は日米同盟に支えられている。数千発の核兵器と強大な海軍を持つ米国は、中国の生存に致命的打撃を与える軍事的能力を持っている。したがって、日中間に軍事的「相互確証破壊」関係が成立し、日中関係が対等で平和であるためには、日米同盟対中国の構図が維持されなければならない。その日米同盟を活性化させるためには、日本の役割を拡大し強化する行動が肝要であることは言うまでもない。

挑発に対して毅然と対応せず、国際社会から臆病者だと思われれば、多くの国が日本を軽蔑し、日本の国際的影響力は地に堕ちて、国益は致命的に毀損されることになる。「大人の対応」や「冷静な対応」が何もしない口実であってはならない。

■米中覇権争いを乗り切る日本の道

一般的に民主主義国では、外交政策に関して与党と野党の間に大きな政策の違いはない。「右であれ左であれ我が祖国」（G・オーウェル）だからである。また、国際関係は国内と異なり、法の執行者が明確に存在しない一種の無法状態である。現実の国際関係は「国家には永遠の友も永遠の敵も存在しない。存在するのは永遠の国益だけである」（パーマストン英首相）ということになる。

無法者を改心させる懲罰的抑止

無法状態の国際関係の中で、攻撃的な国家を抑止する方法は、①攻撃しなければ報償を与える「報償的抑止」、②攻撃をはね返すことによって攻撃者に利益を与えない「拒否的抑止」、③攻撃されれば反撃し、攻撃者に損害を与える「懲罰的抑止」、がある。報償的抑止は、攻撃者が報償目当てに相手を威嚇することを助長しかねない。拒否的抑止は、攻撃者が損害を被らず、ダメ元で攻撃してくる可能性を排除できない。歴史を見ると、懲罰的抑止が攻撃者を効果的に抑止してきた。

北朝鮮の場合も、これまで周辺諸国が取ってきた政策は、基本的に報償的抑止か拒否的抑止であり、懲罰的抑止は実行されなかった。しかし、トランプ米大統領と北朝鮮の金正恩委員長の関係を見ると、北朝鮮の行動に影響を与えたのは、「斬首作戦」を含む懲罰的抑止であった。

民主主義国家では、政府が強硬に要求を突き付けたにもかかわらず、後から要求を取り下げることによって、政府が有権者の信用を失うコスト（観衆費用）がある。故に民主主義国の指導者は過激発言で相手国を威嚇することを躊躇する。しかし、トランプ大統領は観衆費用を無視して過激な発言を繰り返した。

多数の死傷者が発生する可能性がある懲罰的抑止を、トランプ大統領なら平気で実行するかもしれないという金正恩委員長の不安が、米朝会談（2018年6月）を実現させた。他方、派手な演出好きのトランプ大統領には、米朝会談は魅力的な選挙キャンペーンに見えたのだろう。

朝鮮半島支配を強める中国

中国にとって北朝鮮は単なる隣国ではない。北朝鮮は2000年前の漢の時代には中国の一部（漢四郡）であり、その後も朝貢国として中国に従属した。中朝は「唇亡ぶれば歯寒し」密接不離の関係である。北朝鮮が国連制裁を受けたときには、中国が制裁に加わる振りをして制裁を骨抜きにし北朝鮮を守った。

ただし、中国は北朝鮮を守る代償として北朝鮮の鉱山や港などの重要なインフラを50年以上長期間租借する。軍事力よりも経済力で支配する「新植民地主義」によって、北朝鮮は中国の支配下に置かれた。故に北朝鮮の役人が「日本は百年の敵、中国は千年の敵」と発言する事態になっている（ＲＦＡ、２０１８年１月４日）。

韓国における親北政権の誕生は、平和的に南部朝鮮へ進出する絶好の機会を中国に与えた。この機会を生かすために中国は、米軍の介入を招きかねない北朝鮮の挑発を抑えた。

将来の東アジアの覇者は誰か

将来の東アジアは、①米国が覇者、または②中国が覇者、という二つの形が考えられる。

①米国が覇者であれば現在の状況と変わらない。米国が太平洋を支配するためには、米国から１万㎞離れた太平洋の西側を守る日本の役割が欠かせない。日本は米国に対して物言う強力なカードを持っている。日本の地理的位置と高い技術的能力は「余人を以って替え難い」。

②中国が覇者になれば状況は劇的に変化する。現在の日本が中国に対して持っている技

術的優位は時間差の問題であり、一定の時間がたてば中国は必ず追いつくと中国人は信じている。したがって、日本が中国に対して物言う強力なカードはない。日本と中国は距離が近く、日本には中国に対する地理的カードがない。

また、中国共産党の国家戦略の基本は「一つの山に二匹の虎はいない」、すなわち東アジアのもう一匹の虎である日本に勝つことである。中国は日本の国連常任理事国入りに強く反対している。

また、日本の貿易の99％は海上輸送である。インド洋や太平洋を通るシーレーンは日本の生命線である。もし、日本が米国の友人ならば、米国が日本のシーレーンを守るだろう。中国軍に米軍を撃破してインド洋や太平洋の日本のシーレーンを攻撃する能力はない。

しかし、日本が中国の友人になり米国の敵になれば、中国軍にインド洋や太平洋の日本のシーレーンを米軍の攻撃から守る能力はない。したがって、日本が生命線のシーレーンを守ろうとすれば、米国の友人になる以外に選択肢はない。以上の条件を考えれば日本が進むべき道は、米国が覇者たる東アジアを守る道である。

日本の安全保障の要点は、日米同盟を強化し、同盟の中で日本の発言力を大きくすることである。中国は米国の「競争国」になった。共通の敵が存在すれば同盟は強くなる。同時に日本も「巻き込まれ」の議論を超えて北大西洋条約機構（ＮＡＴＯ）諸国と同様に、正義のために犠牲を払って積極的に同盟に貢献していると米国に認識させることが肝要である。

■東アジア「激変」に日本は備えを

体制保証と非核化は不可能

今後の日本の安全保障を考えるとき、ポイントは朝鮮半島の動向である。２０１８年６月にシンガポールで開催されたトランプ大統領と金正恩朝鮮労働党委員長による米朝会談で合意した北朝鮮の体制保証と非核化とは何か。

北朝鮮が核兵器を隠匿することは極めて容易であり、仮に現存する核兵器が全廃されても、材料と知識があればいつでも再生産できる。核兵器をつくる材料と知識を北朝鮮から消し去ることは不可能である。北朝鮮は核兵器を放棄しない。核兵器がない北朝鮮は経済が破綻した貧しい小国にすぎず、世界が無視するだろう。

また、米国が北朝鮮を攻撃しないと約束しても、北朝鮮の現政府が存続できる保証にはならない。歴史を見ると、飢餓状態にある国民には反政府運動をする余裕はないが、飢餓状態を脱すれば国民の不満は政府に向かう。経済支援により飢える心配がなくなれば、金正恩政権に対する反政府運動が活発になる可能性がある。

他方、外敵がなくなれば独裁政権を支える暴力装置である100万人の軍や警察を維持する口実もなくなる。北朝鮮の体制を保証するとは、米国が北朝鮮の反政府運動を鎮圧し、独裁政権を守ることなのか。金正恩政権の最大の脅威は米国ではなく北朝鮮の国民である。

北朝鮮が米国との交渉の前提としていた核抑止はどうなったのか。北朝鮮の大陸間弾道弾はまだ実験段階であり、北朝鮮に米国のミサイル防衛システムを突破して米国本土を核攻撃する能力はない。北朝鮮に米軍の攻撃を抑止する能力はない。ではなぜ北朝鮮は核開発をやめると言ったのか。

韓国は民族統一を最優先する

第一の理由は米国による軍事攻撃を恐れたからだろう。金正恩朝鮮労働党委員長は自分の身の安全が最優先である。米韓特殊部隊の暗殺作戦準備も進んでいた。

北朝鮮と米国は、相手を威嚇して譲歩を迫るチキンゲームを続けてきた。一本道で双方が車を正面衝突するように走らせ、どちらが衝突を避ける臆病者かを競うチキンゲームに強いプレーヤーは、コストと利益を計算し危険を避ける合理的な人間ではなく、コストを無視し不利益になることも躊躇しない、何をするかわからない危険人物である。正面衝突することを厭（いと）わない危険人物が相手の場合は、衝突しないように相手を避けることが合理的な対応になる。故にチキンゲームでは危険人物が合理的な人間に勝つのである。

合理的なオバマ大統領と危険な金正日総書記がチキンゲームをやっていたときは、オバマ大統領が衝突を避けた。その後、チキンゲームをやっていたのは金正恩委員長とトランプ大統領である。どちらが何をするかわからない危険人物か。金正恩委員長はおそらくトランプ大統領は本当に軍事攻撃をするかもしれないという恐怖感を抱いたのであろう。だからトランプ大統領より合理的な金正恩委員長は衝突を避けた。

ところで、韓国の文在寅大統領は何をしているのか。文大統領の最優先政策は民族統一であろう。軍事政権時代の韓国で反政府デモを繰り返した学生運動の指導者は、朝鮮戦争は北朝鮮が勝てばよかったと主張していた。その主張は、北朝鮮が勝てば民族は統一され、統一朝鮮は共産主義国家になるが、国内体制よりも民族統一が優先するというものであった。

また、文大統領は南北間の交流が活発になれば、50倍の経済力を持つ韓国の政治的、経済的、文化的影響力によって平和裏に北朝鮮の体制を転覆させる「和平演変」が可能であると信じているのかもしれない。民族統一の結果、在韓米軍が撤退し中国の影響力が大きくなっても、小中華であることを誇りにしてきた歴史もある朝鮮に抵抗感は少ないだろう。

第1列島線の防衛が生命線に

金正恩政権のパトロンである中国は何を考えているのか。現在の中国共産党の大戦略は「中華民族の偉大な復興」、すなわち中国の勢力圏拡大である。中国の目標は、朝鮮半島から米軍を追い出し、朝鮮半島を中国の勢力下に置くことである。これまで中国の戦略は、経済制裁から北朝鮮を守ることであった。しかし、韓国に民族統一派で中国に融和的な政権が誕生したことによって、中国の勢力を朝鮮半島全体に拡大できる可能性が高くなったと判断し、米軍の軍事行動を招きかねない無用な挑発をやめ、南北の和解を進展させるように金正恩政権を説得した。

それでは日本はどのように対応すればよいのか。将来、朝鮮半島が中国の勢力下に入り、日清戦争以前の東アジアが再現する可能性が出てきた。１９５０年、朝鮮半島は米国の防衛ライン（アチソンライン）の外であった。日本の安全を保障するには、拡大する中国の軍事的脅威に対して、日本、台湾、フィリピンを結ぶ防衛ライン（第1列島線）を守ることが死活的に重要である。

日中関係が決定的に悪化しても、中国海空軍の進出を第1列島線で阻止すれば（オフショア・コントロール）、日本の国内総生産（ＧＤＰ）は数％低下するが、インド太平洋を通る日本の生命線を維持することができるだろう。

■米国が描く対北攻撃のシナリオ

２０１７年11月、トランプ米大統領は韓国国会で「北朝鮮はカルト教団に支配された地獄だ」と演説した。しかし、北朝鮮の指導者は、国民の支持がない政権を存続させるために、あらゆる手を使って制裁を逃れる合理的なプレーヤーである。

国際社会が要求するように、北朝鮮を平和で民主的な国家にすれば、国民の支持がない金王朝は倒れる。米国や中国の指導者は政権の利益を最大化するように合理的に行動している。プレーヤーが合理的に行動すれば国際関係の理論が適用できる。

中国同意で実行される予防戦争

国際関係には関係国の力関係が変化するときに戦争が起こるとするパワーシフト理論という戦争理論がある。この理論によれば戦争は、急速に力をつけつつある危険な弱国に脅威を感じた強国が予防的に弱国を攻撃する「予防戦争」と、弱国が力をつけて従来の強国よりも強くなったとき、獲得した優位な地位を固めるために相対的に弱くなった従来の強国を攻撃する「機会主義的戦争」がある。いずれにしても強い方が戦争を始める。

北朝鮮は現在も将来も米国を凌駕（りょうが）する軍事大国になる可能性はなく、予防戦争や機会主義的戦争のチャンスはない。しかし、米国が北朝鮮の核兵器やミサイルが深刻な脅威になると本気で認識すれば、弱い北朝鮮に対して予防戦争を実行する可能性はある。

ただし、米朝戦争による米国の利益とコストを勘案すれば、数万人以上の死者が予想される大規模な戦争は選択肢にならない。また、米国にとって最大のリスクは中国の参戦である。朝鮮半島に米中戦争のコストを上回る利益はない。

他方、国際関係には弱国の側が戦争を始める「デッドロック」という理論がある。強国に圧迫された弱国がじり貧になり生き残れないと思ったときに、一か八か開戦するという理論である。

今のところ、北朝鮮を守ろうとする中国の意志は固く、北朝鮮は中国の支援を当てにすることができ、経済制裁による自滅を心配する必要がない。ゆえに北朝鮮がデッドロックに陥る可能性は低い。したがって、考えられる米朝間の戦争は、中国の同意を得た上で米国が行う予防戦争の可能性が高い。

金正恩委員長の核放棄は期待できず

中国の北朝鮮に対する戦略目標は、①反米親中の北朝鮮を守る、②米国と戦争しない、という二つである。米国の北朝鮮をめぐる戦略目標は、①北朝鮮に核兵器と長距離弾道ミサイルを放棄させる、②中国と戦争しない、という二つである。したがって、両国の戦略目標を達成するためには、両国の戦略の最大公約数をとって、北朝鮮が核兵器と長距離弾道ミサイルを放棄する反米親中国家になればよいのである。

金正恩委員長は核・長距離ミサイル開発を放棄できるか。核兵器がない北朝鮮は東北アジアの貧しい小国にすぎず、世界は北朝鮮を無視するだろう。近い将来、50倍の経済力があり近代化した軍事力を持つ韓国に吸収される可能性も高い。北朝鮮が韓国に吸収されれば金王朝は滅びる。北朝鮮が韓国よりも優位に立っているのは核兵器だけであり、核兵器は北朝鮮が持つ唯一の外交カードである。ゆえに金正恩委員長に核放棄を期待するのは無理である。

新政権樹立で達成される目標

政策を変えるためには指導者を代えることが近道であるが、話し合いで金正恩委員長を排除することは難しく、実力行使に頼らざるを得ない。実力行使の問題点はコストである。もし、大規模な戦争が発生すれば核兵器が使われなくても犠牲者の数が数万人を超える可能性がある。コストを最小限に抑えた実力行使とは「戦争が始まる前に戦争を終える」戦略である。また、いずれの作戦も米中合意の下で実行されることになる。

すなわち、①（米中の工作による）金王朝関係者による「宮廷クーデター」で金正恩委員長を排除する。新独裁政権が金正恩委員長を非難して核・ミサイル政策を変更する。②

（中国が使嗾（しそう）して）北朝鮮軍内の親中派によるクーデターで金正恩委員長を排除する。親中軍事政権が政策を変更する。③米軍による特殊作戦（ターゲットキリング）によって金正恩委員長を排除する。ただし、混乱を最小限に抑えるために北朝鮮の権力共同体は温存し、米中が黙認する労働党と人民軍による新独裁政権が政策を変更する。さらに、金正恩委員長を排除した特殊作戦直後に、米韓軍と中国軍が北朝鮮に展開し治安を維持する。中国軍は「中朝友好協力相互援助条約」を口実に進駐する。

北朝鮮軍幹部は米軍との戦争に勝ち目がないことを熟知しており、生き残るためには米軍と戦争するよりも金正恩政権を倒す方を選び、米軍に抵抗しないだろう。いずれの場合でも金正恩委員長に核ミサイルを発射するチャンスはない。

金正恩政権が倒れ、核兵器と長距離弾道ミサイルを放棄する新しい政権が成立すれば、米国は戦略目標を達成する。中国もより従順な政権が誕生すれば、朝鮮半島に対する影響力を強化することができ、朝鮮半島は安定する。

■中国海洋進出の「脆弱性」は何か

東アジアを不安定化させる中国の海洋進出の背景と今後の見通しを探る。

政権を支える攻撃的な民族主義

中国共産党の核心利益は、①共産党支配、②主権と領土、③経済発展、である。中国共産党にとって最優先の目標は、共産党支配を守ることであり、そのためには経済発展を犠牲にすることもあり得る。

共産党が資本主義経済を実行しているという矛盾は、中国共産党の支配体制を根本から侵食しつつある。中国共産党は腕力はあるが下半身は弱い。経済を重視すればするほど、共産党政権は弱体化する。現在の中国で最も影響力のある思想は拝金主義である。

共産党はこの矛盾を、共産主義でも資本主義でもない民族主義・愛国主義を煽ることで解消しようとしている。民族主義とは民族の利益を極大化する運動である。最も攻撃的な民族主義は、国外へ進出して勢力圏を拡大する。自国の勢力拡大に反対する国民はいない。そこで中国は海洋に出てきたのである。これが「中華民族の偉大な復興」である。

今、中国共産党は東シナ海や南シナ海を確保しようとする強い動機を持っている。中国は大国であるが、太平洋やインド洋に出ようとすれば、東シナ海や南シナ海を通る以外に出口はない。現在、中国の貿易の９割、輸入原油の９割が海上輸送であり、消費される石油の６割は輸入である。他方、２０１９年に日本は約２３０日、米国は約１２０日の石油備蓄があるのに対して中国の石油備蓄は約80日である。また、２０１９年の各国の貿易依存度（輸出入額の対ＧＤＰ比）は、中国30％、日本27％、米国19％である（Global Note, 2020）。

米国が圧倒する海軍力と核戦力

東シナ海と南シナ海の出口は、間宮、宗谷、津軽、大隅、トカラ、宮古、バシー、マラッカ海峡であるが、宮古海峡とバシー海峡以外は海峡幅が数十㎞で水深も数十ｍと浅く、潜水艦の行動は難しい。宮古海峡とバシー海峡は幅が２００㎞以上あり、最浅部でも水深が５００ｍから１０００ｍあり、潜水艦が活動できる。したがって、制空権を確保し、宮古海峡とバシー海峡を封鎖すれば、東シナ海と南シナ海の出口を閉じることができる。太平洋戦争当時、多くの日本の輸送船が米海軍の攻撃によって沈められ、バシー海峡は「輸送船の墓場」と言われた。平時はどの国の艦船も自由に海峡を通航できるが、戦時に敵が海峡を封鎖すれば、中国海軍の艦艇はこれらの海峡を突破できず、太平洋やインド洋の航路帯を攻撃することはできない。日本の航路帯の安全は確保されるだろう。日本向けの石油は南シナ海を迂回できる。

他方、中国は対米核抑止力の要として、核兵器による反撃を担う核ミサイル搭載原子力潜水艦を南シナ海に展開する計画を持っている。ただし、現在のところ米国の海軍力と核戦力は中国軍を圧倒しており、中国の原潜が港を出て行動できる余地はない。

もし米国が東シナ海と南シナ海を封鎖すると、中国は全貿易の9割を失い、米国は中国貿易（全貿易の16％）を失う。日本も中国貿易（全貿易の21％）を失う。また、戦争が長引けば石油備蓄が少ない中国は動けなくなるだろう。東シナ海と南シナ海を封鎖するという米軍の低烈度の軍事作戦（オフショア・コントロール）は中国に大きなコストを強要する。高烈度や中烈度の戦争で不利な立場にある中国が、苦し紛れに不利な戦いを強いられた低烈度の戦争の烈度を上げれば、中国はより大きなダメージを被ることになる。

本国からの距離と軍事力の関係

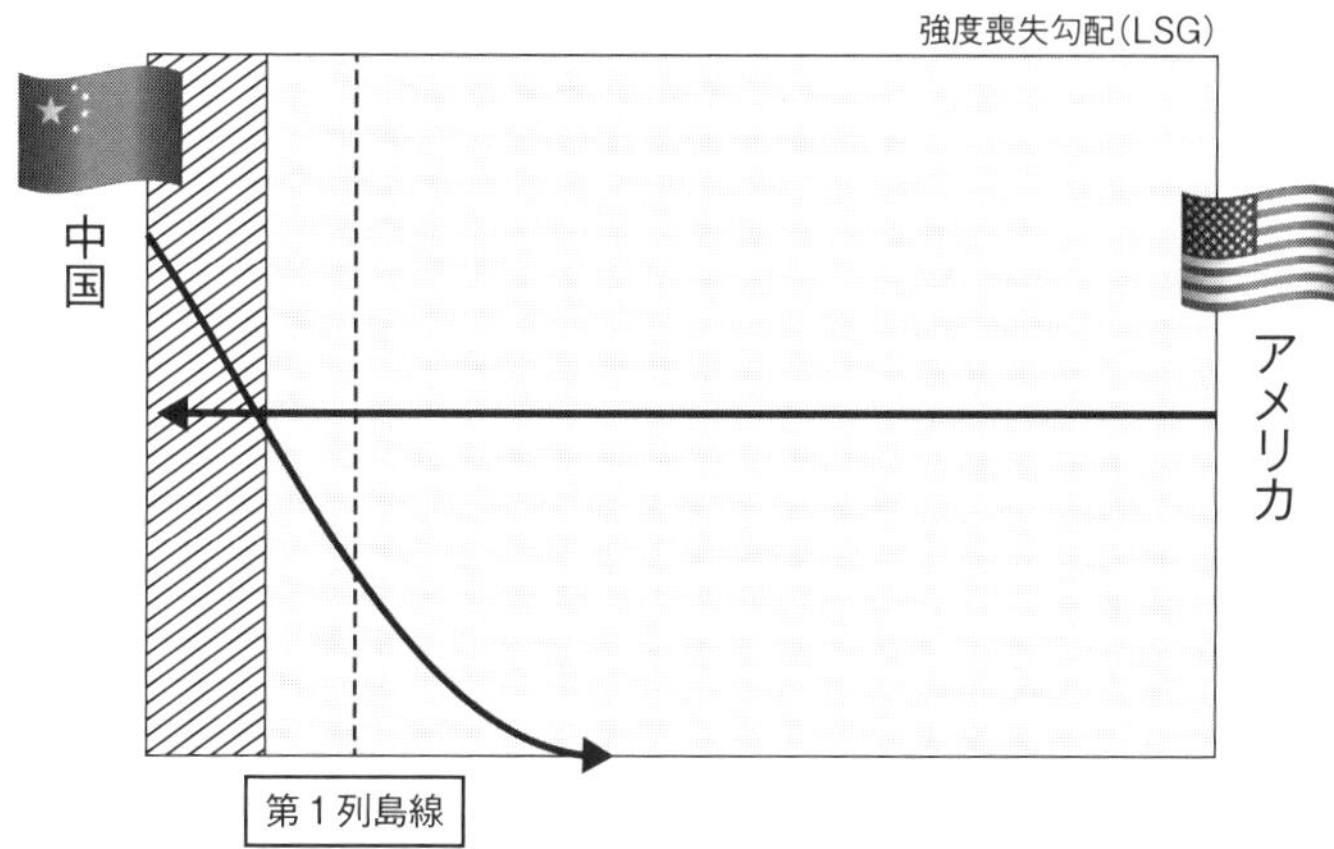

注：基地から距離が離れるほど軍事力は低減する。アメリカが一定なのは航空母艦に加え、海外基地を保有するため。

中国が第2列島線を守るのは不可能だ

中国は本気で東シナ海と南シナ海を中国の海にしようとしているのだろうか。中国海軍の海洋進出は二つの側面がある。①民族主義・愛国主義の実践行動、②経済発展を支える沿海地域を外敵から守るために建設する「海の万里の長城」、である。

心理学（プロスペクト理論）から人間の行動を見ると、人間は新たに何かを得ようとする場合は、リスクを取らずコストが上がれば諦める傾向がある。ところが、今持っているものを失うと感じた場合は、リスクを取り大きなコストに耐えて抵抗する傾向がある。中国共産党が、海洋進出を①の攻撃作戦、すなわち他国が持っているものを奪う行動だと認識していれば、国際社会の非難や米軍の介入によって作戦のコストが上昇し利益を上回ると判断したときに行動を止めるだろう。しかし、海洋進出を②の防御作戦、すなわち共産党支配を続けるために不可欠の行動だと考えているのならば、より大きなコストに耐えて作戦を続けるだろう。

かつて大日本帝国が、米軍の攻撃から本土を守るために設定した死守すべき「絶対国防圏」は、中国が米軍の接近を阻止する第2列島線（小笠原諸島―マリアナ諸島）とほぼ同じ線である。現在、中国軍と米軍の質的格差は圧倒的であり、大日本帝国のように南洋諸島に基地を持たない中国が、第2列島線を守ることはできないだろう。戦争になれば中国の第2列島線は、「絶対国防圏」と同じ運命をたどるだろう。

いずれにしても、世界の海を支配する米国が、東シナ海や南シナ海を「米国の海」と見なしている限り、中国が東シナ海や南シナ海を「中国の海」にすることはできない。

■軍事力こそ外交に説得力を生む

世界の軍事バランスを見ると、軍事力の分野では米国は他国を圧倒する唯一の超大国である。特に海上では質と量において米海軍に対抗できる海軍は存在しない。ただし、太平洋、大西洋やインド洋などの「遠海」では米海軍の力は圧倒的であるが、東シナ海、南シナ海や地中海などの「近海」では沿岸国の影響力を無視することはできない。すなわち、米海軍が東シナ海、南シナ海や地中海を支配することができれば、米海軍の世界支配に穴はなくなる。

南シナ海の覇権に挑む中国

今、中国は南シナ海の公海で珊瑚礁を埋め立てて軍事施設を建設し、周辺国を威嚇して公然と米国の海洋支配に挑戦している。南シナ海における「航行の自由」は、米国にとって価値の小さい周辺的国益ではなく、世界支配に不可欠な重要な戦略的国益である。米国が戦略的国益を脅かす中国の挑戦を看過することはない。

米海軍に対抗できる海軍力を持たず、北朝鮮以外に同盟国がない中国は、陸上にミサイルを展開することで東シナ海と南シナ海を支配しようとしている。陸上に配備されたミサイルが届く中国沿岸から２０００㎞程度離れた海上までは、中国の軍事力が影響力を持つ領域である。他方、米国は戦場に近い同盟国に米軍を展開することが可能であり、世界中のどこでも攻撃できる空軍と海軍を保有している。

外交の基本は「棍棒を持って静かに話す」である。現実の外交交渉では、多くの場合、棍棒の大きさが話し合いの結果を決める。平和時においても、戦争になればどちらが勝つかという双方の認識が外交交渉の結果を決める。米中が話し合いをするとき、双方が持っている最も影響力があるカードは戦争のシナリオである。

米国と中国の戦争シナリオ

現在、中国が米軍と戦う戦略は「接近阻止・領域拒否（A2AD）」と言われている。中国の対米戦争シナリオは、陸上配備、または艦艇や航空機に搭載した数百発の巡航ミサイルや弾道ミサイルによる奇襲攻撃によって、日本や西太平洋に前方展開する米軍に打撃を与え、米軍の戦闘意志を挫き、米軍が中国に接近することを阻止し、その後は戦略守勢をとるというものである。ただし、中国の対米戦略の主要兵器である対艦弾道ミサイルの効果は未知数である。

他方、米国では現在、四つの戦争シナリオが提案されている。①中国本土攻撃戦略、②海上制限戦争戦略、③海上封鎖戦略、④代理戦争戦略、である。

①は、グアムや日本の基地を分散化し強化することによって中国軍のミサイル攻撃を凌いだ後、前方展開した海軍と空軍が連携して中国本土に対する縦深攻撃を実行し、中国軍の戦闘ネットワークを破壊する戦略である。この戦略は中国沿岸に配備された中国軍の強力な防御線を突破することになり、米軍の損害も大きい。しかし、本土を攻撃された中国政府は存続の危機に陥るであろう。中国政府を屈服させるハイリスク・ハイリターンの戦略である。

②は、中国本土を攻撃せず、戦闘を東シナ海と南シナ海に限定して、中国海軍の主要戦闘艦や潜水艦を撃沈し、中国海軍に大損害を与える戦略である。この戦略では米軍は中国沿岸の中国軍の防御線を越えず、米軍が有利な海での戦闘に限定し米軍の損害は小さい。同時に中国政府に対する打撃も①よりは小さく、中国政府が敗北ではないと主張できる余地も残っている。中国政府を最後まで追い詰めずに妥協点を探る戦略である。

③は、米軍は攻勢作戦をとらずに日本とフィリピンを結ぶ第１列島線の防御に徹して中国海軍を東シナ海と南シナ海に封じ込め、中国軍の戦闘能力が届かない太平洋やインド洋で輸送船を攻撃し、中国のシーレーンを切断して対外貿易に依存する現在の中国を経済的に締め上げ、中国政府に政策変更を迫る戦略である。

④は、①と②の戦略を米軍ではなく、地域の同盟国に代行させ、米軍は後方支援にまわる戦略である。この戦略は最もローリスク・ローリターンである。ただし、危険を負担する同盟国の反発を招く可能性がある。他方、米国ブッシュ（子）政権のゲーツ国防長官は、2008年の国際安全保障会議で「ある同盟国が贅沢（ぜいたく）にも安全な民生活動だけを選び、そのせいで他の同盟国は必要以上に戦闘と死の負担を強いられている」と発言し、戦闘に参加しない同盟国を批判した。

紛争解決のための抑止力

古代中国では「相手を圧倒する軍事力を誇示することによって、相手の戦意を喪失させ、戦わずして勝つ」（孫子兵法）ことが最高の戦略であると言われた。現在でも多くの国は、軍事力を実際以上に大きく見せて相手を威嚇し、戦争を抑止しようとしている。軍隊は攻めるときには自分を小さく見せ、守るときには自分を大きく見せる。

国連の平和維持活動（ＰＫＯ）も、紛争当事者よりも強力な軍事力を展開することによって戦闘を抑止し紛争を解決しようとするものである。安全保障環境が悪化している日本が外交に説得力を持たせるためには、外交における軍事力の役割を世界の常識に沿って再考する必要がある。

■沖縄をめぐる心理戦は孫子の兵法

中華帝国を目指す民族主義国家

現在の中国はもはや、貧農とプロレタリアートによる世界革命を目指す共産主義国家ではない。19世紀以前に世界的超大国であった中華帝国の再現を目指す過激な民族主義国家である。

「中共の物差しでいう『中国』とは、一八四〇年のそれであり、なお清国の国境が最も広範囲に広がっていたころの中国である」（フランシス・ワトソン『中共の国境問題』前田寿夫訳、時事通信社）といわれている。習近平主席は「中華民族は近代以降、列強から度重なる侮辱を受けた。中華民族の偉大な復興を実現することは中華民族の最も偉大な夢である。我々は現在、歴史上のいかなる時期よりもこの夢を実現する自信があり、能力がある」と述べている。

民族主義的な中国指導者が対外戦略を考えるとき、思い浮かべる教科書はマルクスではなく中国の戦略家であろう。中国知識人の常識の孫子兵法には、「兵力が敵の10倍あれば敵を囲むだけで敵は屈服する。兵力が敵の5倍あれば躊躇なく攻めよ。兵力が敵の2倍ならば敵を分裂させよ。兵力が敵よりも少なければ逃げて戦いを避けよ」（謀攻篇）とある。

現代の中国も、兵力が少なかった時期には問題を棚上げして戦いを避けた。21世紀に入り、中国の軍事費は日本の防衛予算を追い越した。中国は日本が保有していない大型空母、原子力潜水艦、長距離ミサイルや核兵器を持つ。中国が軍事力で日本より優位に立ったと考えても不思議ではない。現在、中国は「日本は現実を直視すべきである。釣魚島はすでに日本の一方的支配から中日双方の共同管理に転換しつつある」（『環球時報』2013年5月3日）と主張している。

日本の世論を分裂させる戦術

しかし、日米同盟の存在と自衛隊の能力を勘案すれば、現在の日中の軍事バランスが中国側に圧倒的に有利だという自信を中国の指導者は持てないであろう。優位に立っていると判断した場合でも、孫子がいう10倍や5倍の優位ではなく、せいぜい2倍程度の優位であろう。2倍程度の優位だと中国の指導者が認識していれば、中国が採る対日戦略は日本を分裂させることである。日本を軍事力で圧倒する道筋が見えない場合、対日戦略の中心は日本の世論を分裂させる心理戦・世論戦になる。

中国が期待する日本世論分断のポイントは沖縄だ。「日本は琉球の宗主国、清朝政府の同意を得ずに琉球を併呑し、現在でも日本は琉球に対する合法的主権を有していない」（『世界知識』２０１３年3月16日）との論文が雑誌に掲載され、２０１３年5月8日付『人民日報』は「琉球王国は明、清王朝の時代には中国の属国であり、日清戦争後の下関条約で台湾と釣魚島、澎湖諸島、琉球が日本に奪われた。歴史的に未解決な琉球問題を再び議論できるときが来た」と主張した。

中国が沖縄を標的に心理戦を展開するのは、米軍基地をめぐるさまざまな問題で日本政府と沖縄県の対立が深まっているという中国の認識による。中国中央テレビは２０１３年5月４日、「日本政府の政策に沖縄県民が憤り、琉球の独立を求める声が大きくなっている」と報じた。「２００６年3月４日、琉球全市民による住民投票が行われた結果、琉球市民の75％が日本からの独立を望み、25％が自治の拡大を求めていることが明らかになった」（『環球網』２０１０年9月19日）との記事が広く引用されるようになっている。

独立機運の捏造もいとわず

この記事は全く事実に反しており、中国国内でも疑問視する声がある。香港誌は「琉球で独立を問う住民投票が行われたことはなく、この資料は一部の琉球独立運動家が捏造したものである。また、独立を主張する者の多くは独立を口実に日本政府と駆け引きをして利益を得たいと考えている者で、本当に独立を望んでいる者は少数である」（『亜洲週刊』2013年第20期）との見方を示している。

事実に反する記事を引用する中国の研究者やジャーナリズムは、沖縄をめぐる問題に無知なのではない。彼らは事実関係を承知している。だが、彼らの任務は真実の追究ではなく、共産党の政策のバックアップにある。孫子兵法には戦いの真髄は騙し合いである（兵詭道也）と書いてある。あらゆる手段を講じて敵の弱点を突くのは兵法の常道である。中国には「日本の反中国行動を抑制するためには、沖縄で『琉球国』独立運動を育成することが効果的である」（『環球時報』2013年5月11日）という意見が根強く存在する。

ただし、『人民日報』（2013年5月8日）の記事に対しては沖縄でも、「尖閣問題で日本政府が妥協しなければ、琉球に問題を拡大するというメッセージであり、中国の戦術だ」（『沖縄タイムズ』２０１３年5月10日）という見方が有力である。９割の県民が中国に良くない印象を持っている（沖縄県公式ホームページ、２０１３年）沖縄で、中国の心理戦・世論戦が成功する可能性は高くない。日本人が一致団結し、勇気をもって脅しに屈しなければ、中国の心理戦が日本に入り込む余地はない。

■漁民も沿岸警備隊も海軍の手駒だ

尖閣諸島周辺の日本領海内に近年、中国漁船に続いて、中国政府の沿岸警備隊の艦船（公船）が徘徊・漂泊するようになった。中国では、漁船も海上民兵として海軍の指揮下で行動することがある。それでは、中国公船と海軍との関係はどうなのか、考察する。

軍の意向が党通じ国家動かす

中国共産党政権は「鉄砲から生まれた」といわれるように、戦争の中で軍の力によって成立した政権であり、中共政権における軍の影響力は絶大である。中共政権の政治構造を見ると、共産党が最高権力機関であるが、軍の最高機関である中央軍事委員会は、共産党の最高機関である政治局と並立する機関である。

2020年の中国では、習近平国家主席の独裁体制は、人民解放軍という暴力装置によって支えられている。中華人民共和国建国以来、人民解放軍が共産党を支える構造は変わらない。習近平体制以前の中国でも基本構造は同じである。

2003年から2013年までの中国を見ると、中央軍事委員会主席は胡錦濤、政治局のトップも、党総書記にして国家主席の胡錦濤である。軍と党が並立し、党の下に政府が存在する構造である。政府（国務院）は党の決定を実行する機関に過ぎない。

中央軍事委員会は、10人の軍人と2人の文民（胡主席と習近平副主席）で構成されていた。軍人の委員の内訳は、副主席2人、国防部長、総参謀長、総政治部主任、総後勤部長、総装備部長、海軍司令官、空軍司令官、第二砲兵（ミサイル）司令官である。

胡主席と習副主席は軍事専門家ではなく、中央軍事委での軍事に関する議論では軍人が強い影響力を持つ。毛沢東や鄧小平は文民指導者であると同時に実戦で軍隊を指揮した経歴があり、軍人に対し強いカリスマ性を持っていた。胡錦濤主席の前任の党総書記兼国家主席の江沢民や胡錦濤には軍歴がなく、軍人への影響力は限られる。

他方、政治局では胡錦濤は最大の影響力を持つ。したがって、軍人の強い影響下でなされた中央軍事委決定は、胡主席の意向として政治局内で強い影響力を持つ。つまり軍の意向が党の意向として国家を動かしていたのである。個人独裁を進める習近平体制でも基本構造は同じである。

外交部などは軍に逆らえず

政府の一機関である外交部は、政府を通じた党決定に従って行動する。中国では、党と並ぶ権力を持つ軍が、党の下にある政府の一機関である外交部を無視することはあっても、外交部が軍の意向に逆らうことはあり得ない。同様に、政府の一機関の国家海洋局が軍の意向を無視して行動することもあり得なかった。

国家海洋局は１９６４年、「国防と国民経済建設に服する」機関として創設され、制度上は政府の管轄下に置かれながら、海軍が実質的に管理してきた。１９８２年に国連海洋法条約が採択されると、中国は海上保安機関を強化して、90年代には、国土資源部国家海洋局中国海監総隊（海監）、農業部漁業局（漁政）、公安部公安辺防海警総隊（海警）、交通運輸部中国海事局（海巡）、海関総署密輸取締局（海関）を組織した。

海警は海軍のミサイルフリゲート艦を改造した巡視船を保有し、漁政は、海軍の潜水艦救難艦を改造した「漁政311」やヘリコプターを2機搭載できる「漁政310」を保有していた。漁政は南シナ海でインドネシア、ベトナム、フィリピンの漁船、巡視船や海軍の艦艇を威嚇し発砲した。

海監は国家海洋局の命で、中国の管轄海域を巡視し、中国の海洋権益に対する侵犯、海洋資源と環境を損なう違法行為を発見し排除することを任務としていた。「海軍の予備部隊として、平時は違法行為を取り締まり、戦時は軍に編入される」ことになっていた。

2013年になると、これらの機関は統合されて国家海警局となり、その後2018年には武装警察の指揮下に入り、さらに武装警察は中央軍事委員会の一元的指揮下に置かれることになった。こうして中国では沿岸警備隊は完全に軍の一部になった。

防衛力の縮小は侵略を誘う

中国の沿岸警備隊が軍の一部として、国家主権を行使していた状況は組織改革以前でも同じであった。2009年、中国海軍、中国公船、漁船が共同して、米海軍調査船の活動を妨害するという事件が発生した。当時、国家海洋局海監総隊常務副総隊長は、「国際法上、係争海域に関して二つの慣例がある。第一はその場所が有効に管理されているか否かであり、第二は実際の支配が歴史による証明に勝るということだ」「中国海監は管轄海域内で必ず自身の存在を明示し、有効な管轄を体現しなければならない」と述べていた。尖閣諸島周辺を遊弋(ゆうよく)し、中国の実効支配を誇示することは、海監の重要な任務であった。

中国の末端組織はバラバラに行動しているように見えることがあるが、それは右手と左手の動きの違いにすぎず、頭は一つだ。中国の頭は共産党である。中国軍は合理的な組織で、コストが利益を上回ると判断すれば行動を止める。日本の防衛力が強化されれば中国軍のコストは上昇し、軍事行動に出る動機は小さくなる。逆に日本の防衛力が縮小すれば、中国軍のコストは低下し軍事行動の魅力は増大する。日本の防衛力縮小は中国に軍事行動を取るよう挑発しているようなものだ。

侵略を撃退できる十分な軍事力に支えられた、「尖閣諸島は日本の核心的利益である」という日本政府の強い決意表明は、中国軍の思考回路に影響を与える。

「棍棒を持って静かに話す」というのが、古今東西の外交の基本なのである。

■尖閣で中国は法的に勝ち目なし

現在、日中両国民が互いに悪感情を抱く最大の要因は、尖閣諸島問題である。尖閣諸島について、日中両国政府はともに固有の領土であると主張している。世界の常識に照らして、日中両国のどちらの説に分があるのであろうか。

国境画定の要素を満たさず

国際法には、国境線を定めるルールがある。それによれば、国境線は、「先占」「割譲」「時効」「添付」などで決まる。

「添付」とは、干拓や海底火山の噴火などによって、人工的、自然的に新しい土地が生まれ、その土地が領土になることである。

「時効」とは、もともとは他国の領土であっても、領有の意思をもって相当の期間、継続的かつ公然と占有することによって、その土地が新しい領土になることである。ただし、国際法では時効の完成期間は明確にされていない。

「割譲」は、国家間の合意（領土割譲条約等）により領土の一部の主権が移ることをいう。領土は国家間の合意（条約）で「譲渡」「交換」されることもある。なお、現在では、武力行使により他国領土を強制的に取得しても領有権が移ったとは認められない。

「先占」は、先に占有した国に土地の領有権を認めるものである。ただし、①先占の主体が国家である、②対象地が無主地である、③実効的な占有を伴っている、④国家に領有意思がある、という条件を満たしていなければならない。日本政府は１８９５年に尖閣諸島が無主地であることを確認し、閣議決定により日本領土とした（先占）。

これに対し、中国政府の主張は、領土を決める国際法のルールである先占、割譲、譲渡、交換、時効、添付のいずれでもない。内容が曖昧で解釈も多様な数百年前の古文書を根拠に、歴史的権利として尖閣諸島が固有の領土だと主張しているのである。中国の古文書は日本の「先占」に対抗できない。

さらに、「禁反言の法理」が存在する。禁反言の法理とは、自己の言動に矛盾する主張はできないというルールである。中国共産党機関紙の『人民日報』（１９５３年1月8日）は「琉球群島人民反対美国占領的闘争」との記事を掲載し、尖閣諸島が琉球の一部であるとしたことがある。中国共産党はこの記事に矛盾する主張はできない。国際法に従って判断する国際司法裁判所に尖閣諸島問題が付託されれば中国に勝つ見込みはない。

共産党体制の正統性がかかる

それでは、なぜ、中国は尖閣諸島が中国領だと主張するのか。

一般的に中国外交は国内問題の反映であるといわれる。1921年に共産主義政党として生まれた中国共産党は、1930年代には、反共の国民党の攻撃によりほぼ壊滅状態に陥った。しかし、共産主義というよりもむしろ民族主義（抗日民族統一戦線）政党に変身し、当時の中国の政治勢力の中で最も反日的であった共産党を、日中戦争の拡大で覚醒した中国人の民族主義が、政権の座に押し上げたのである。中国共産党政権の正統性の基礎は反日民族主義である。したがって、中国共産党にとって、対日関係を緊張させて、日本軍による侵略の記憶を再生産することは、政権の正統性強化に繫がるのである。

中国共産党政権は独裁政権でもある。独裁政権は国民の支持ではなく、国民を威嚇することで政権を維持している。したがって、独裁政権は、権力基盤を強化するためには、国民を威嚇する軍隊や警察を強化しなければならない。しかし、国民を鞭打つ軍隊や警察を強化すれば国民の支持は低下する。ただし、「外敵」が存在すれば、外敵から国民を守るという口実によって、軍隊を強化することに国民の支持を得ることができる。独裁政権は「外敵」の存在によって、政権を安定させることができるのである。

国民に領土を守る覚悟はあるか

一方、中国のインターネットでは、南シナ海問題は軍事力を使って解決すべきだと主張する意見が大部分を占めている。ネット世論に見られるように、中国世論は好戦的であり、中国政府にとって、「日本帝国主義に奪われた固有の領土を奪回」する行動は、国民の人気を取りやすい政策である。

中国政府の尖閣諸島に対する積極政策は、中国共産党政権の正統性に由来するのであり、日中関係を緊張させることを目的にしたものである。日本の行動に対する反応ではない。今後も国内の緊張が高まれば、中国は必ず領土問題を再燃させてくるであろう。

中国に積極政策を再考させるには、それによって中国が得る利益よりも、被る不利益が大きくなるようにしなければならない。かつて中国は台湾の総統選挙に圧力をかけようとして台湾近海にミサイルを発射した結果、米軍の積極的な介入を招き、大きな不利益を被った。その後、中国が台湾の選挙に軍事的圧力をかけることはなくなった。状況の不安定化を防ぎ現状を維持するために、日本として軍拡が必要になる場合もある。

日本政府は覚悟を決め、尖閣諸島が「日本の核心的利益」であり日中関係の大局に重大な影響を及ぼすと主張すべきである。ただし、日本国民に、領土を守るために大きな犠牲を甘受する覚悟がなければ、日本政府は動けない。

■南シナ海をめぐる米中角逐の背景

最近の南シナ海における米中の対立を、①中国はなぜ南シナ海へ進出するのか、②米国はなぜ中国の南シナ海進出に反発するのか、という視点から考察する。

国内向けの人気取り政策

近年になって、中国が積極的に国外で軍事力を行使する目的は、深刻化する国内矛盾によって高まっている共産党に対する国民の不満を国外に転嫁するためである。

国内矛盾を国外に転嫁する責任転嫁理論は、高度な教育を受け豊富な情報を持っている国民が多数を占める国ではうまく機能しない。しかし、中国人は国外からの情報を遮断され、多くの国民は高等教育を受ける機会に恵まれていない。したがって、中国は責任転嫁理論が機能する国家である。

資本主義経済を拡大する共産党という根本的な矛盾を、中国共産党は資本主義や共産主義を超越した民族主義という概念を前面に押し出して解決しようとしている。もともと中国共産党は日中戦争の中で「抗日民族統一戦線」という民族主義的スローガンを前面に出し、「日本軍国主義に屈服した民族の裏切者（漢奸）である国民党」を打倒して政権を取った政党である。中国共産党は侵略者を打倒した中華民族の英雄という教育を受けた国民は、共産党が民族主義を鼓吹することに違和感を覚えない。

責任転嫁理論は国民の敵愾心を煽って国民の不満を外敵に向ける国内向けの人気取り政策であり、戦争することが目的ではない。もし、戦争に負ければ政府の人気は地に堕ちることになる。

したがって、責任転嫁理論がうまく機能するためには、①軍事衝突が発生しても負ける可能性がない、②積極的な対外進出に正当性がある、という条件が必要である。

①の条件を満たすためには、軍事強国と対決することは避けなければならない。②の条件を満たすためには、外国を侵略するのではなく、奪われた中国固有の領土を回復すると

いう理屈が必要になる。

1952年に中国で発行された中学生用の歴史教科書によれば、カザフスタン、キルギス、タジキスタン、ネパール、シッキム、ブータン、ビルマ、ベトナム、ラオス、カンボジア、台湾、琉球、朝鮮、ロシアのハバロフスク州、沿海州、樺太などが、帝国主義に奪われた中国の領土である。

軍事力のない東南アジア

中国は、米軍が中国軍を圧倒する軍事力を保持していることを理解し、米軍との直接衝突を避ける傾向がある。したがって、「奪われた領土」に含まれる周辺国家にとって、米国との関係は安全保障上のキーポイントである。

また、米国に次ぐ軍事大国であり軍事力行使を躊躇わないロシアとの軍事的対決も中国は避けている。中央アジア諸国は軍事小国であるが、ロシアと関係が深く、中央アジア方面への軍事的進出はロシア軍の介入という大きなリスクを覚悟しなければならない。軍事大国であり、軍事力行使を躊躇しないインドに対する軍事的進出もリスクは大きい。

他方、海での勢力拡大は、陸上での勢力拡大よりも目立たずコストが低いと中国は考えている。東シナ海に進出した場合の相手は日本であり、南シナ海に進出した場合の相手は東南アジア諸国である。日本は大きな軍事力を持っているが、戦争する意志薄弱な国である。東南アジア諸国は中国に抵抗する軍事力を持っていない。ただし、日本と米国の間には軍事同盟があり、日本を攻撃すれば米軍との直接衝突になる可能性がある。

他方、東南アジアには嘉手納や横須賀のような大規模な米軍基地は存在しない。したがって、中国軍は最もリスクとコストが小さい南シナ海へ進出しているのである。

米国撤退の可能性は低い

米国の国家戦略の基本は超大国の地位を守ることである。米軍の能力にも限界があり、世界の全ての場所で軍事的優位を保つことは難しい。しかし、世界の貿易の9割以上が通過する世界の海で制海権を保持することは可能である。

世界の主要都市は海に近く、海上から攻撃することができる。太平洋や大西洋は米海軍の独壇場であるが、東シナ海や南シナ海は周辺諸国の軍事力の手が届く海である。世界の貿易の3割から5割が通る東シナ海や南シナ海は、周辺諸国が米海軍の制海権に挑戦する可能性がある海なのである。

中国は、南シナ海の域外国である米国が南シナ海の問題に介入すべきでないと主張している。しかし、南シナ海を含む世界の海を支配している米国から見れば、米国は南シナ海の域外国ではない。南シナ海が中国の海になれば、米軍が自由に行動できない海はないという米国の軍事戦略の基本が崩れることになる。南シナ海は米国にとってあまり影響のない周辺的な国益ではなく、重要な戦略的国益なのである。

したがって、米国が世界の海を支配する超大国でありたいと望む限り、南シナ海から撤退する可能性は低い。事態を放置すると、世界の海を支配する超大国の地位を失うと感じれば、米国は戦略的国益に見合う犠牲を覚悟して南シナ海に介入するであろう。

■中国の「非合理的行動」に備えよ

中国の尖閣「棚上げ」論は過去の遺物

遡ると2012年末、国家海洋局の航空機が尖閣諸島の日本領空を侵犯した。従来の領海侵犯との違いは、沿岸国の利益を侵害しない限り「無害通航権」が認められている領海とは異なり、政府機関の航空機が許可なく領空に侵入すれば重大な主権侵害である点にあった。「棚上げ」論など一顧だにせず、日本との対決をエスカレートさせている中国は、日本との軍事衝突をどのように考えているのであろうか。

中国共産党は中国本土を制圧すると同時に朝鮮戦争に介入し、台湾の島を攻撃し、チベットを占領した。1960年代になると国境をめぐりインドやロシアと軍事衝突し、70年代に入るとベトナムからパラセル（西沙）諸島を奪い、さらにはベトナム国内に侵攻し、「懲罰」作戦を行った。80年代には南シナ海でベトナム海軍の輸送艦を撃沈し、90年代にはフィリピンが支配していた南シナ海の島を奪った。

中国共産党は戦争を躊躇する政権ではない。彼らにとり、国境紛争のような小さな戦争は平和時の外交カードの一つに過ぎない。

中共は、核心的利益である「固有の領土」を守るためには戦争も辞さないと主張している。それでは、中国の固有の領土とは何であろうか。中国の領土について次のように説明されることがある。

「ひとたび文明の名のもとに獲得した領土は、……永久に中国のものでなければならず、それが失われる場合には、機会のあり次第、回復せねばならない。領土の割譲は、合法的なものとも、あるいは正当なものとも認めない。せいぜいそれは、中国の一時的弱さを認めただけのことである」（フランシス・ワトソン『中共の国境問題』）。中国の教科書では、領土が歴史的に最大であった19世紀中葉の中国が本来の中国として描かれ、「日本は中国を侵略し、琉球を奪った」（『世界知識』２００５年）との主張が今でも雑誌に掲載されている（１４５ページ参照）。

ミスチーフ礁を奪った手口

フィリピンが支配していたミスチーフ礁を中国が占拠した経過を見れば、中国の戦略がわかる。

中国がミスチーフ礁に対して軍事行動を取れば、米比相互防衛条約に基づき米軍が介入する可能性は高かった。そうなれば、中国はフィリピンを屈服させることはできない。１９８９年、ブッシュ（父）政権のベーカー米国務長官は、「米国はフィリピンとの防衛条約を忠実に履行し、フィリピンが外国軍隊の攻撃を受けた場合には米国は黙認しない」と述べていた。

したがって、１９７４年の鄧小平・マルコス会談、88年の鄧・アキノ会談で、鄧は問題の棚上げを主張したのである。軍事バランスが中国に不利である場合、中国は双方が手を出さないように主張する。将来、ミスチーフ礁を獲得するために当面は問題を棚上げし、相手の行動を封じたのである。

1991年9月、フィリピン上院が米比基地協定の批准を拒否し、92年11月に米軍がフィリピンから撤退した。第二次大戦中に建造された旧式駆逐艦1隻を有するフィリピン海軍は中国海軍の敵ではない。フィリピンのマゼタ国防委員長は「フィリピン海軍としては軍事力による防衛は不可能で、戦わずに撤退せざるを得ない」と発言している。中国はミスチーフ礁問題に米軍が介入する可能性が低いと判断し、問題の棚上げを放棄して95年にミスチーフ礁を占領した。

軍事バランスを維持し抑止を

鄧小平は尖閣についても、日中軍事バランスが中国に不利であった78年に棚上げを唱えている。「棚上げ」は時間を稼ぎ、不利を有利に変える中国の戦略である。中国の危険な行動を抑止するには、軍事バランスが日本に不利にならないようにすることが肝要である。

ただし、軍事バランスは相手の合理的な判断に影響を与えるが、相手は常に合理的に行動するとは限らない。人間は感情に動かされる動物である。人間は何かを得ようとして失敗するときより、持っているものを失うときにより大きな痛みを感じ、失うまいとして、得ようとするときより大きなコストに耐え、あえてリスクを取る傾向がある（プロスペクト理論）。

尖閣に関して、中国が本来自分の領土ではない島を日本から奪うと認識していれば、あえて軍事行動といった大きなリスクを取ることはないであろう。しかし、失った「固有の領土」を取り戻すと中国が本気で認識していれば、大きなコストに耐え、軍事行動という危険を冒す可能性が高くなる。

「国家には我慢のできないことがある。国家の名誉、統合性、領土などに対する攻撃は我慢のできないことであり、こうしたことに対してはあえて危険を冒すものである」（ネルー・インド首相）

とすれば、中国が日本から見て合理的な判断を常に下すとは限らない。軍事バランスを維持し「合理的な中国」に対する抑止力を高めると同時に、想定外の事態を想定して、「非合理的な中国」、すなわち軍事バランスを無視した武力行使に備えることが防衛の基本である。

第3章

台湾侵攻と「大坂城の外堀」

■「運命共同体」台湾が侵攻されると日本に何が起きるのか

米中対立が深まる中で2021年4月16日に日米首脳会談が行われた。日米の協働が謳われた共同声明は、52年ぶりに台湾に言及し、台湾問題はルールに基づいて解決されるべきだと主張した。中国が絶対に譲れない核心的利益と主張する台湾が、日米中関係の焦点として浮上した。

ルールとは何か。現代の国際社会のルールの基本は人権である。対立の中で大規模な人権侵害が発生すれば、周辺地域の平和と安全を脅かす恐れがあり、国際的関心事項として外国の介入が正当化される（「保護する責任」R to P）。

台湾人は中国人か

台湾問題の基本は台湾人の人権である。国連や国際法は民族が国家を持つ民族自決（一民族一国家）の権利を認めている。それでは台湾人は民族か。人間を外見（遺伝子）で分類した人種とは異なり、民族は歴史的に形成された運命共同体意識によって人間を分類する。人種は科学であり、民族の本質は感情である。「民族はその構成員が激情的に、満場一致的にそうであると信ずるがゆえに民族である」と言われる。中国共産党が主張するように、台湾人と中国人は人種が同じである。

しかし、世論調査によると（政治大学、２０２０年）、台湾に住む人の67％が自分を中国人ではなく台湾人だと認識し、自分が台湾人ではなく中国人だと思っている人は２・４％に過ぎない。民族の本質が感情ならば台湾人は民族である。したがって、台湾人は一民族一国家を持つ権利がある。なお、台湾での世論調査（政治大学、２０２０年）によれば、独立志向（35・１％）、現状維持（52・３％）、統一志向（５・８％）であった。

民族自決とは、民族が自らの意志に基づいて、その帰属や政治的運命を決定し、他民族・国家の干渉を認めない基本的人権である（国連総会、１９５０年）。これが台湾問題の本質である。

第四次台湾海峡危機

中国が核心的利益と主張する台湾問題はどのように進展するだろうか。

西太平洋において米軍が中国軍を圧倒している現状を考えれば、中国の台湾占領作戦が成功するためには、外交交渉によって米国の介入を阻止することが絶対に必要である。外交交渉はギブ・アンド・テイクであり、外交交渉で米国の介入を阻止するためには、台湾を失っても元が取れると米国が考える条件を提示しなければならない。

米中対立が深まる中で、中国の海への出口を抑える台湾は米国の対中戦略の要であり、台湾を失うコストは米国の世界戦略にとって極めて高価である。世界の覇者の地位を失うつもりのない米国が、台湾を失っても満足するようなものを中国が提案することはできないだろう。

米国の不介入が保証されない状況で、台湾に侵攻すれば、中国軍より強力な米軍の参戦によって中国軍が敗北する可能性がある。共産党支配を支える大黒柱である中国軍が大打撃を受ければ、中国本土で共産党支配が揺らぐことになる。台湾本島占領作戦は中国共産党にとってリスクが大き過ぎる。

他方、台湾が統治する中国沿岸の小さな島である金門島や馬祖列島を占領する作戦はリスクが小さい。金門島や馬祖列島はもともと台湾省ではなく福建省の一部であり、台湾独立派が主張する独立台湾に含まれない島である。小さな島（180㎢）を失っても台湾の抵抗は限定的だろう。また、米国の世界戦略に対する影響も少なく、米軍は来ないだろ

金門島・馬祖列島の奪取で「毛沢東超え」？

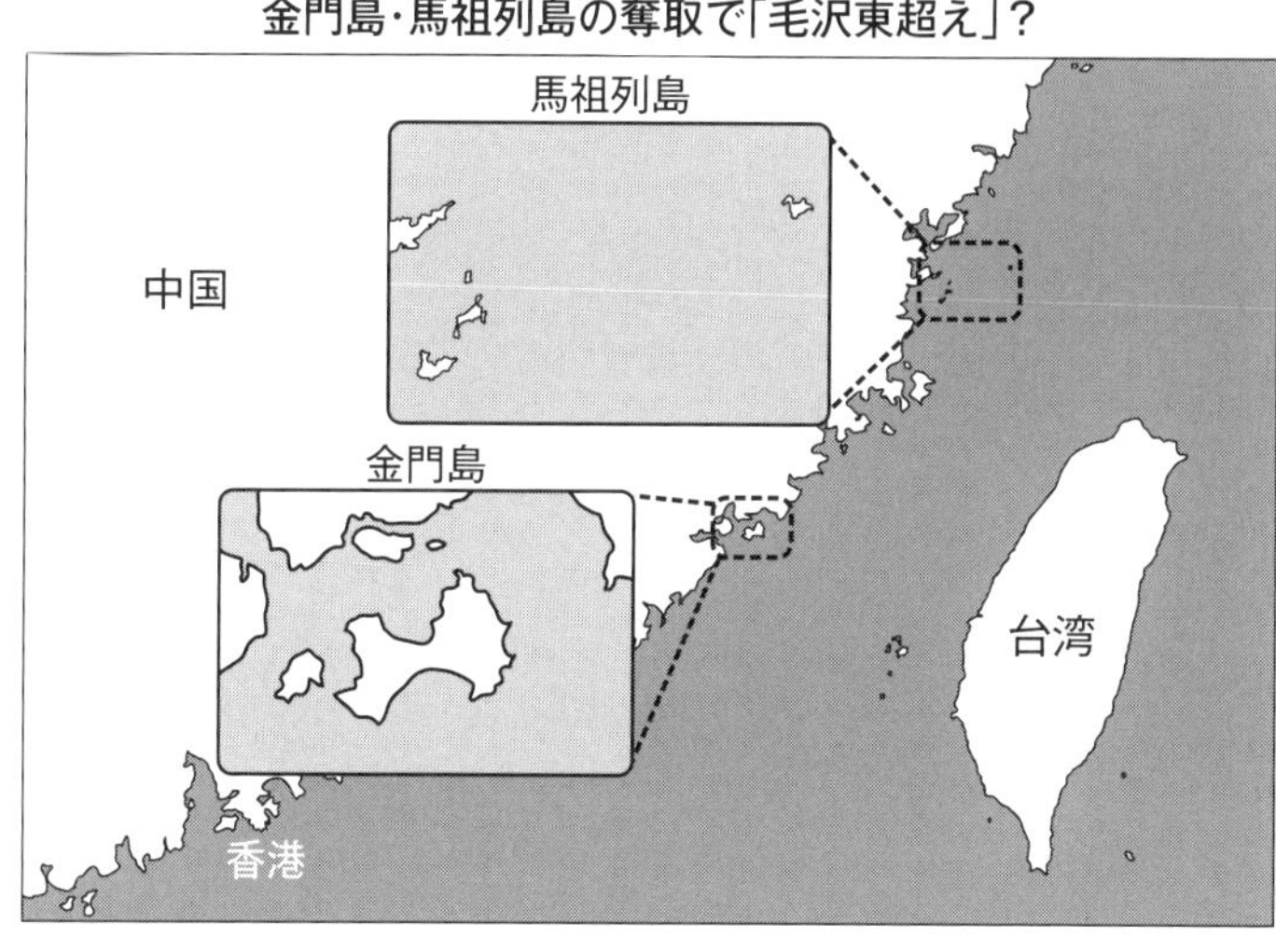

う。中国にとってリスクは小さい。しかし、これらの島は1950年代に毛沢東主席が占領しようとして失敗した島であり、習近平主席が奪取に成功すれば、毛沢東を超えたと主張することができる。習近平主席にとって政治的利益は大きい。

現在の国際関係と米中の軍事バランス、そして米国から最新兵器を輸入している（台湾関係法）台湾の抵抗力を見れば、中国共産党にとって、中国沿岸の小さな島を占領する作戦が最も合理的な軍事作戦になるだろう。

台湾は「大坂城の外堀」

中国海軍がインド太平洋に出ようとすれば、台湾の南、フィリピンとの間のバシー海峡が重要なルートになる。台湾が中国に敵対的ならば、台湾軍が米軍に協力して海峡を封鎖し、中国海軍が海峡を通過することが困難になる。

しかし、台湾が中国の一部になれば、中国海軍は台湾から自由に太平洋に出ることができる。そうなれば中国海軍を第1列島線の内側に封じ込めるという米軍の戦略は難しくなるだろう。中国海軍が西太平洋に展開して日本を包囲することができるようになれば、日本の海上交通路が脅かされ日本の安全保障は危機的状況になる。

今から400年前、豊臣家を滅ぼすことを決意した徳川家康は、20万の大軍を動員して豊臣秀頼の居城である大坂城を包囲した。しかし、大坂城の城下町を囲む8㎞に及ぶ外堀に阻まれて本丸を攻撃することはできなかった。膠着状態の中で休戦交渉が進められ、大坂城の外堀を埋めることを条件に徳川軍は引き揚げることになった。しかし、翌年徳川家康は再び大坂城を攻撃し、外堀が埋められて抵抗力を失った大坂城は15万の徳川軍の攻撃によって落城した。

豊臣側はなぜ大坂城防衛の鍵であった外堀を埋めたのか。豊臣側には、外堀を埋めることを求める徳川家康の要求を呑めば、本丸は生き延びられるという根拠のない楽観主義があった。根拠のない楽観主義を豊臣側が信じたのは、徳川側に寝返った幹部の策動と徳川家康と妥協することが豊臣家にとって唯一の生き延びる道だと信じた豊臣家の家臣による説得があったからである。徳川家康にとって最強の武器は、豊臣家のためになると信じて実際には豊臣家を滅ぼす、という徳川家康の策略に貢献した豊臣家の家臣であった。

日本という本丸を守るためには、台湾という強力な外堀の存在が不可欠である。日本と台湾は運命共同体である。しかし、現在の日本にも、中国の世論戦、心理戦、法律戦によって、日本のためになると信じて中国のためになる活動をする日本人は存在する。また、安全保障に関して根拠のない楽観主義が蔓延している。

台湾の政治は中国の政治的代理人と台湾人の戦いであり、日本の政治の中にも同様の傾向が見られる。台湾問題は日本人の安全保障観のリトマス試験紙になっている。

■中国共産党による台湾占領作戦

独立国侵略か地方の反乱鎮圧か

中国共産党は台湾が独立宣言すれば戦争すると言明している。戦争を正当化するためには自衛や独立など正義に適う理由があり、他国に復讐したり他国を支配したりする侵略の悪を正して平和をもたらさなければならない。

他方、正統性がある政府には、領域と国民を内外の干渉を許さずに統治する統治権がある。反政府武装闘争や分離独立を宣言する行為は国家の存立に対する重大な犯罪と見做(みな)され、政府が武力を行使してそのような犯罪を鎮圧することは違法ではない。他国の内戦に介入し、その国から民族的同一性を奪う武力行使は内政不干渉の原則を侵害することになる。

ただし、対立の中で大規模な人権侵害が発生すれば、周辺地域の平和と安全を脅かす恐れがあり、国際的関心事項として外国の介入が正当化される可能性がある（保護する責任）。

中国共産党が国民の利益よりも共産党の利益を優先して独立国を支配しようとする戦争は正義ではない。しかし、中央政府である中国共産党政府が地方の反乱を鎮圧する行動は違法ではない（反分裂国家法）。

現在、台湾を国家として承認している国は極めて少数である。なぜか。台湾が独立宣言しないからである。独立宣言しない地域を独立国として承認する国はない。もともと台湾は国民、領土、主権を持っており、独立国家としての資格がある存在である。なぜ台湾は独立宣言しないのか。独立宣言すれば戦争すると中国共産党が脅しているからである。

もし、中国が台湾を先制攻撃すれば、戦争を避けるために独立宣言しないという台湾の政策は無意味になる。したがって、中国が台湾を攻撃すれば、直ちに台湾は独立を宣言するであろう。台湾が独立宣言すれば、多くの国が台湾を国家承認する可能性がある。多くの国の国家承認があれば、堂々たる独立国家である。

台湾が独立国家ならば、中国と台湾の戦争は国家間の戦争ということになり、中国が主張する「台湾問題は中国の国内問題である」という主張は通用しなくなる。「台湾関係法」という米国の国内法で、米国が中国を攻撃することはできないが、中国が台湾という独立国を侵略した場合には、（台湾が米国に支援を求めれば）米国は国際法に基づき、「集団的自衛権」を行使して、台湾を侵略から守るために中国を攻撃することが可能になる。

全ての国連加盟国は国連憲章を守らなければならない。「国連加盟国は、その国際関係において、武力による威嚇又は武力の行使をいかなる国の領土保全又は政治的独立に対するものも、また、国連の目的と両立しない他のいかなる方法によるものも、慎まなければならない」（国連憲章第２条４項）。

台湾のレジスタンス

中台統一に台湾人が自ら同意する可能性が低い状況では、戦争によらない平和的統一は困難である。しかし、世論調査によれば（政治大学、2018年）、20歳から39歳の台湾人の7割が侵攻してきた中国軍と戦うと答えている。中国が圧倒的な軍事力で台湾を占領しても、統一に反対する台湾人の抵抗が長引き、対立が泥沼化して安定した平和は実現しないだろう。

■「大東亜共栄圏」目指す中国の夢

現在、中国は「一帯一路」を太平洋に拡大し、かつて太平洋の覇権をめぐって日米が激戦を繰り広げた南太平洋のソロモン諸島やマーシャル諸島に進出しつつある。米国から見れば、80年ぶりに米国の海である太平洋に、再びアジアの覇者が手を伸ばしてきたように見えるだろう。

尊王攘夷と大東亜共栄圏

尊王攘夷という民族主義を掲げて徳川幕府を打倒した明治政府は、民族主義を基本理念としていた。しかし、欧米列強の圧倒的な力に直面すると、開国して欧米諸国の経済的進出を許すという反民族主義的な政策を取らざるを得なかった。明治政府は言行不一致を合理化するために、反民族主義的な開国は暫定的な政策であり、しばらくの間は頭を低くして目立たぬように国力を増強し（韜光養晦）、十分な力をつけた暁には必ず尊王攘夷を実行すると誓って政策の矛盾を糊塗する他なかった。

その後、日本は富国強兵に邁進し、日清戦争や日露戦争に勝利して、１９３０年代には世界強国の一員に数えられるようになった。ついに日本が尊王攘夷を実行できる時が来たのである。１９３０年代に世界有数の軍事大国になった日本は、尊王攘夷が目指したように日本から外国勢力を排除するだけではなく、当時の日本の実力に見合った地域から外国勢力を排除しようとした。これが「大東亜共栄圏」である。

当時の大日本帝国は日本本土だけで成り立っていたわけではなく、満洲を含む中国の主要地域を傘下に収め、南太平洋を国防圏に含めた強大な国家であった。大日本帝国が目指す「大東亜共栄圏」は、日本の影響下にある中国の主要地域と東南アジア諸国、さらにインドを含む広大な地域であり、大日本帝国はこの広大な地域から欧米勢力を駆逐しようとした。しかし、大日本帝国は太平洋における戦いで米国に敗れ、「大東亜共栄圏」は崩壊した。

米国に挑戦する中国の登場

第二次世界大戦後は米ソが覇権を争ったが、経済が破綻したソ連が崩壊すると米国が唯一の超大国になった。米国が覇者になった世界で、米国に挑戦する潜在力を持つ国の筆頭は中国である。しかし、中国共産党は第二次世界大戦後、混乱した国内を統一することには成功したが、共産主義革命によって経済が低迷し、長期間にわたって最貧国の地位を脱することができなかった。しかし、20世紀の末に鄧小平のイニシアチブによって経済の資本主義化が始まり、経済が急成長し軍事力も増強された。

ただし、中国に対する警戒感が高まり、先進国から経済発展を妨害されることを恐れた鄧小平は、しばらくの間は頭を低くして目立たぬように国力を増強し（韜光養晦）、十分な力をつけてから既存の世界秩序に挑戦するシナリオを描いた。しかし、習近平主席は世界第2位の経済力と世界第3位の軍事力を背景に「韜光養晦」の時代を卒業したと判断し、米国が主導する世界秩序への挑戦を開始した。

中国共産党は、日本との戦いの中で共産主義ではなく「抗日民族統一戦線」という民族主義を掲げ、戦後の国共内戦では日本に妥協的であった国民党を民族の裏切り者と非難して政権を取った民族主義政権である。中国共産党は基本的に民族主義政権であったために、ソ連が崩壊し、共産主義の正統性が地に堕ちた後も政権を維持することができた。現在、経済発展に黄色信号が点滅している共産党政権が国民に誇れる実績は民族主義だけである。

今後、経済状況が悪化すれば、共産党はより民族主義に頼って政権を維持しようとするだろう。現在の中国共産党の民族主義の象徴が「中華民族の偉大な復興」である。このスローガンを実現する共産党の戦略が、陸と海のシルクロードを再建する「一帯一路」である。

「一帯一路」の行き着く先

中国共産党の世界観は、世界中の国は覇者を目指すという「戦国時代モデル」で、「一つの山に二匹の虎はいない」と考えている。中国の「一帯一路」がアジアの虎を目指すのならば、世界の虎である米国にとって許容できるものであった。しかし中国が北極や太平洋を支配しようとするのならば、それは「アジアの山」から「世界の山」を目指すものであり、「世界の山の虎」である米国にとって看過できない行動である。

米国が世界の覇者であるということは、米国が世界の海を支配しているということである。南シナ海も米国が支配している世界の海の一部であり、まして太平洋に手を出せば、米国の反撃は不可避である。１９４１年の太平洋では、日本の海軍力と航空戦力は米国と拮抗していたが、現在、中国が太平洋に展開できる海軍力は米海軍に対抗できるレベルではない。

世界の覇者である米国に挑戦する中国を、軍事力でも経済力でも上回る米国が許容することはない。中国は大日本帝国と同様に実力を過信し早まった。米国の太平洋支配に挑戦する「一帯一路」という第二の「大東亜共栄圏」も、大日本帝国の「大東亜共栄圏」の二の舞いになるだろう。

「歴史は繰り返さないが韻を踏む」（マーク・トウェイン）

香港人は共産党の敵か味方か

日本の自衛隊は日本国民を守る。米軍は米国民を守る。中国の人民解放軍は誰を守るのか。

生き残った「民族主義的共産主義国家」

共産主義国家には二つのタイプがあった。冷戦が終わるとソ連とともに崩壊した、ソ連の傀儡（かいらい）政権であった東欧の共産主義国家と、冷戦後も生き残ったアジアの共産主義国家である。

どのような国家でも、政府は軍や警察などの強制力と国民の同意によって支えられている。しかし、ソ連が占領した東欧に生まれた共産主義政権に国民の同意はなく、ソ連軍という強制力によって支えられていた。強制力がなくなると東欧の傀儡政権は崩壊した。他方、アジアの共産主義国家は、共産党が民族主義を掲げて自力で政権を取った民族主義国家である。国民は共産党が掲げる民族主義に同意した。

世界の労働者が団結して資本主義と戦う共産主義にとって、「一民族一国家」を目指す民族主義は否定されるべき思想である。民族主義は階級闘争を否定し、労働者と資本家を分けず、他民族と自民族を区別し、自民族の利益を極大化する思想である。

それでは民族とは何か。民族は遺伝子で決まる人種とは異なり、「運命共同体」であると主観的に信じている人間の集団である。近代国家が成立すると国民が民族になった。国家は教育を通じて国民は共通の運命の下にあると教えるからである。「民族はその構成員が満場一致的にそうであると信じるがゆえに民族である」と言われる。民族の定義は曖昧だが、人間は民族を単位として戦ってきた。

「抗日」が国民の心をとらえた

民族主義的共産主義国家はどのようにして政権を取ったのか。

多くの共産主義国家では、共産党が政権を取る前、共産主義者は多数派ではなかった。ゆえに、共産主義者が選挙など民主的な方法で政権を取ることは難しかった。

国内の共産主義者対反共主義者の争いは、国内の支持者の数が勝敗を決定する。国内の共産主義支持者も反共主義支持者も同じ国民であり同じ民族である。もし共産党が民族主義者に変身すれば、共産主義支持者だけではなく反共主義支持者を含む全国民（民族）の支持を期待することができる。

他方、反共主義者が民族主義者に変身することに失敗すれば、全国民（民族）の支持を得られない。したがって、民族主義者に変身した共産党は変身できなかった反共主義者よりも支持者の数で優位に立ち、国民の支持を争う内戦に勝利することができた。

中国では、１９２０年代から30年代にかけて中国共産党が反共主義者の国民党と政権を争ったが、１９３４年には国民党の攻撃によって共産党は豊かな沿岸部の根拠地を失い、不毛の内陸部へ撤退した。共産党軍の兵力は10分の１に減少した。ところが、１９３７年に日中戦争が始まると、沿岸部に侵攻した日本軍の攻撃によって、沿岸部の国民党は大きな打撃を受けた。不毛な内陸にいた共産党は、日本軍の関心の外にあり攻撃を受けなかった。国民党の攻撃で崩壊の危機に瀕していた共産党にとって、日本軍の侵攻は起死回生のチャンスだった。

沿岸部で日本軍と戦っていた国民党は、強力な日本軍との戦いを避けるために「安内攘外」（まず国内の共産党を平定し、その後で外敵の日本軍を打倒する）を主張した。しかし、日本軍に負け続ける国民党の評判は悪かった。

他方、沿岸部で戦う日本軍の手が届かない内陸部にいた毛沢東は、日本軍との戦いを声高に叫び民族主義（抗日民族統一戦線）を主張して、外国の侵略に反発する中国人の心をとらえた。ただし、日中戦争における約２８００回の戦闘のうち、共産党軍が参戦したのは8回だけだった。日本軍は太平洋で米軍に敗れ日中戦争は終わった。

日本軍の侵略によって覚醒した中国人の民族主義が、共産主義ではなく民族主義を唱え、半植民地の中国を真の統一した独立国に変えると主張した中国共産党を、日中戦争後の国共内戦で政権の座に押し上げたのである。まさに毛沢東が述べたように「日本軍の侵略は中国革命の母」（『毛沢東思想万歳』）であった。

拡大するイデオロギー的矛盾

現在の中国共産党政権にとって民族主義と経済発展が正統性の根拠である。しかし、経済発展は不安定になりつつあり、共産党が自信を持って頼れる正統性は民族主義である。ところが、共産主義は理論的に民族主義を否定する。中国共産党はそのイデオロギーに深刻な矛盾を抱えている。

例えば、共産党政権を支える大黒柱である軍隊を見ると、共産主義を目指した内戦時代

五星紅旗が意味するもの――人民解放軍は誰を守るのか

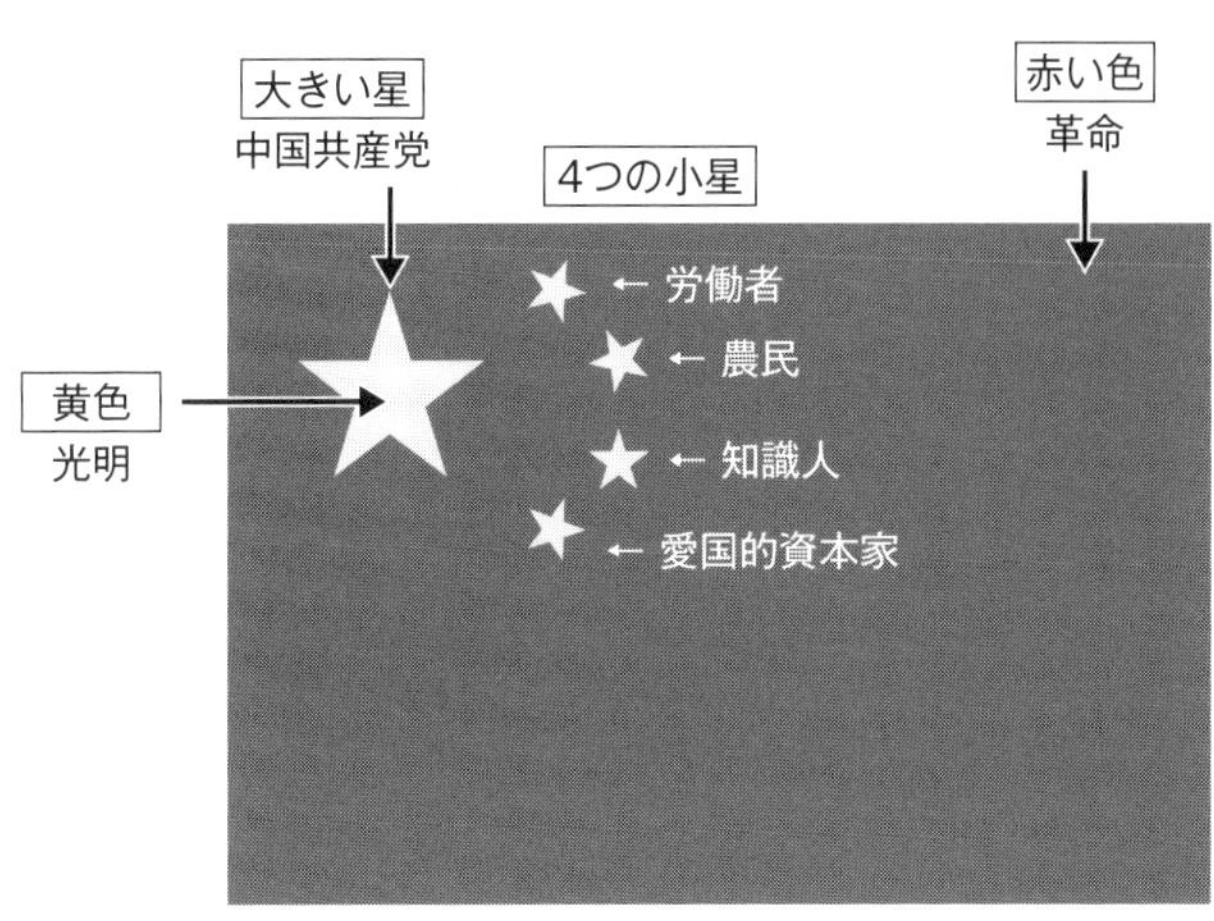

は労働者と農民を守る「工農紅軍」であり、中国人の資本家や地主は敵であった。民族主義を掲げた日中戦争の時代には国民を守る「国民革命軍」になり、現在は「人民解放軍」である。数百人以上の国民が死亡した天安門事件（１９８９年）で、人民解放軍が発砲した国民は人民の敵である。共産党に反発する香港人は「人民内部の矛盾」ではなく打倒すべき「敵対的矛盾」である。人民解放軍は共産党を支持する人民を守るが、反抗する国民、すなわち人民の敵を守らない。

中国共産党が民族主義を高く掲げれば掲げるほど、共産党のイデオロギー的矛盾は拡大していくことになる。

■中国の統一戦略を阻む民族主義

共産主義と資本主義は矛盾する。共産主義と一民族一国家を目指す民族主義も矛盾する。それでは、「中華民族の偉大な復興」という民族主義を謳い、国家資本主義を強引に進める共産党が支配する中国とはどのような国家なのか。国家の基本理念が矛盾する国は基本的に脆弱である。

民族が世界を動かす

現代の国際関係を動かす大きな力は民族主義と経済である。宗教対立も背景に民族的・経済的対立がある場合が多い。経済的価値は計算できる有限の価値であるが、民族や宗教の価値は無限大であると信じられている。

民族の力を極大化しようとする民族主義の目標は、国際関係の中で最高の力を持っている国家を手に入れることである。すなわち、「一民族一国家」の実現である。

現代の紛争は、民族が自分たちの国家をつくろうとする運動の衝突である。世界には8

000の民族が存在するといわれる。世界には約200の国家が存在していることを考えると、全ての民族が「一民族一国家」を実現して満足することは不可能であり、国家を建設しようとする民族主義を原因とする紛争はなくならないだろう。

中国と台湾の対立も、南北朝鮮間の対立もいかにして「一民族一国家」を実現するかという問題である。中国人と台湾人が一民族ならば一国家になることが民族主義である。しかし、中国人と台湾人が別の民族ならば別の国になることが民族主義である。南北朝鮮間の対立は、南北朝鮮とも同一民族であると主張しているので、どのようにして一国家を実現するかというプロセスの問題である。

それでは民族とは何か。民族は、人間を身体的特徴で分類する形質人類学上の人種ではない。国籍で分類した国民でもない。民族とは血縁的、地縁的、言語的共通性によって歴史的に形成された運命共同体の一員であると信じる人間の集団である。

民族としての「台湾人」

したがって、ユダヤ人のように一つの民族の中に複数の人種が存在することもあり得る。

また、旧ユーゴスラビアでは一つの人種であるにもかかわらず運命が違うと信じた各地域が複数の民族に分かれて戦い、各民族が独立国家をつくった。中国でもイスラム教を信じる漢族は、回族という別の民族になっている。

それでは民族が手に入れようとしている国家とは何か。現代世界で国家を超える権力はない。国連は国家の協議機関であり、北朝鮮のように国連決議を無視する国家も存在する。

国際法上の「独立国家」とは、外国の支配に従属しない政府が、一定の領域とその領域に居住する住民を排他的に管理統制している状態をいう。さらに、外国による承認を条件とする場合もある。スターリンは、人口が100万人以上あり、国の名を冠する民族が人口の過半数を占め、外国と国境を接していることが、独立国の条件になると主張していた。

現在の台湾はその条件を満たしている。したがって、台湾の現状を維持するということは台湾の「独立」を維持するということである。「現状維持」と「独立」に実質的な違いはない。かつて台湾独立運動家の黄昭堂氏は、「独立した台湾と現在（当時）の台湾の違いは、国名と国旗と国歌だけである」と述べていた。

中国共産党にとっての鬼門

台湾の政治大学選挙研究センターの世論調査（２０１５年）によると、２０１４年の時点で「なるべく早く統一」を望む人は１・４％、「現状維持後に統一」を望む人は８・８％である。他方、「なるべく早く独立」を望む人は５・８％、「現状維持後に独立」を望む人は18％、「永遠に現状維持」を望む人は24・９％である。また、「現状維持後に決定」を望む人は33・９％である。

「なるべく早く統一」と「現状維持後に統一」の合計は約10％である。他方、「なるべく早く独立」「現状維持後に独立」さらに「永遠に現状維持」の合計は約49％である。「統一は言ってもよいがやってはいけない、独立はやってもよいが言ってはいけない」という台湾の雰囲気を勘案すれば、本心では独立を望む人は数字以上に多いと考えられる。

中国共産党は「我に順う者は昌え、我に逆う者は亡びる」と言っている。台湾の貿易総額に占める中国の割合は22％（２０１４年）である。「台湾の尊厳」と経済的利益が対立したとき、台湾の住民はどちらを選ぶのであろうか。中台統一を基本理念とする親中派の馬英九台湾総統（当時）と習近平国家主席の会談（２０１５年）の後、独立を綱領に掲げる野党（当時）の指導者の支持率は41％から47％に上がった。感情は理屈よりも人を動かす。中台統一を目指す中国共産党にとって、台湾人の民族主義が最大の鬼門である。

■台湾が阻む「中華帝国」復活の夢

現在、200年ぶりに東アジアに超大国が生まれつつある。中国共産党は「中華民族の偉大な復興」をスローガンに、100年間にわたって抑えられてきた「中国の夢」を実現しようとしている。中華人民共和国はモンゴル人が建国した元、満洲人が建国した清に次ぐ中国史上3番目に巨大な帝国である。すでに中華人民共和国は漢民族が支配する国家としては中国史上最大の国家であるが、中国共産党の主張を見る限り、清帝国の影響圏の復活を目指しているように見える。

独裁政権を強化する軍事力

19世紀の中国は、漢民族が住む本土、チベットのように異民族を直接支配している藩部、朝鮮半島のように異民族を間接支配している朝貢国で成り立っていた。しかし、19世

本土＋藩＋朝貢国の関係

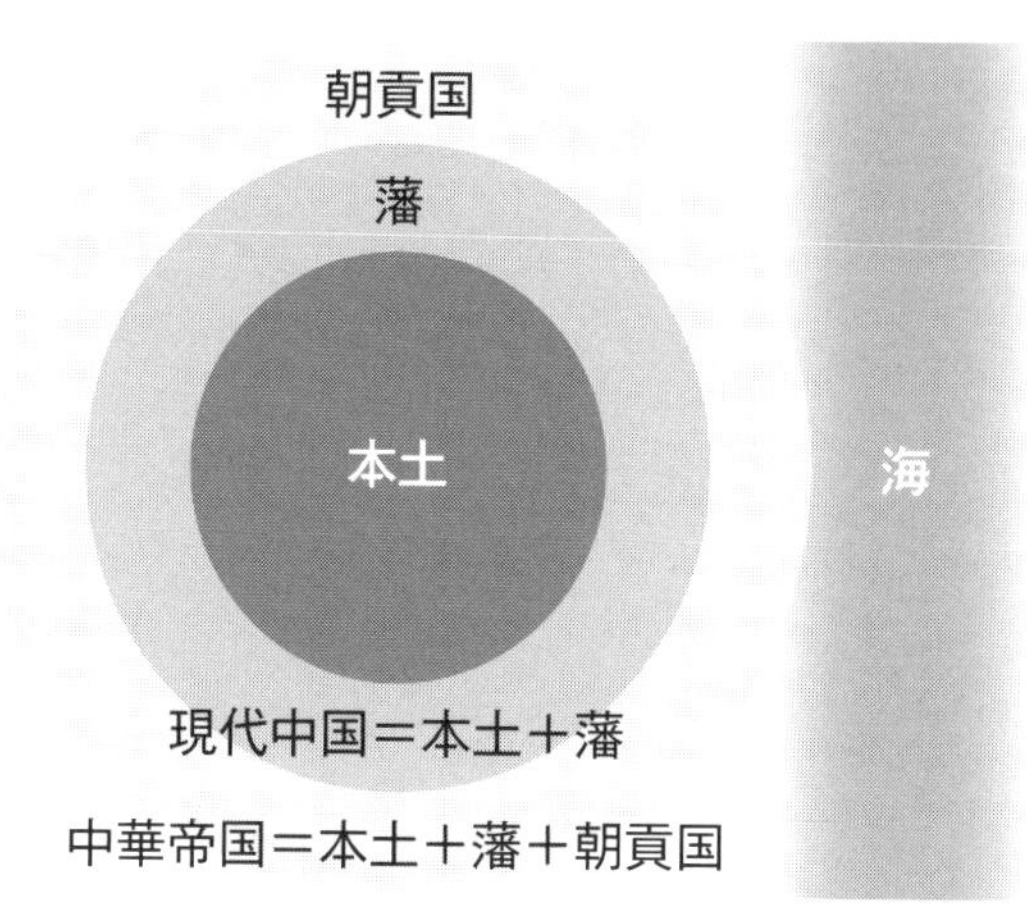

紀後半に欧米列強の圧力によって清帝国は朝貢国を失った。さらに、本土の沿海州はロシア領になり、東方の小国日本との戦争にも負けた。20世紀は中国にとって屈辱の世紀であった。

しかし、21世紀になって中国は再生しつつある。中露関係を見ても、中国人によれば、20世紀にはロシアが兄、中国が弟であったが、今はロシアが妹、中国が兄である。日中関係でも中国の経済力と軍事力は日本の数倍になった。今、19世紀以前の偉大な中華帝国は中国人の目の前にある。中国の王毅外相は「世界は中国の台頭という現実に慣れなければならない」と主張している。国内の異民族支配は強化され、かつての朝貢国に対する経済的政治的影響力も拡大している。

現在の中国が影響圏を拡大する主力は世界第2位の経済力である。しかし、共産党にとって資本主義経済は、場合によっては共産党支配を脅かす危険物である。他方、中国は周辺諸国を威嚇するに足る十分な軍事力を持っている。

しかも、軍事力は独裁政権が国民を支配する道具であり、その増強は独裁政権を強化する。したがって外国に対する軍事力の行使や威嚇は、国民に中国共産党の力を誇示し、国内を安定させる効果的な対外戦略である。軍事力を無人の海で展開すれば、人が住む陸上よりもリスクとコストは小さい。中国共産党が主張する「強軍の夢」は海で実現する。

輸送船の墓場だったバシー海峡

中国軍は東シナ海と南シナ海を支配し、さらに西太平洋に進出しようとしている。南シナ海で活動する中国海軍の艦艇が太平洋へ進出しようとすれば、台湾とフィリピンの間にあるバシー海峡を通らなければならない。太平洋戦争末期にバシー海峡は輸送船の墓場と呼ばれ、米軍潜水艦が多数の日本の輸送船を撃沈した。台湾は西太平洋で活動する中国海軍の死命を制することができる位置にある。

中台間の軍事力を比較すれば、中国軍の戦力は台湾軍を圧倒しており、台湾軍の高官も、台湾軍の戦闘は２週間から1カ月で終わると述べている。台湾では軍事的手段による抵抗は不可能である、という雰囲気が一般の人々の間に広がっている。

しかし、そもそも戦争に負けるという意味は、戦争目的を達成する前に損害が耐えられる限度を超えるということであり、戦争に勝つという意味は、損害が耐えられる限度を超える前に戦争目的を達成するということである。また、戦争が継続している間は強者も弱者も戦争から利益を得ることはできない。戦争は双方に不利益をもたらすだけである。強者が戦争から利益を得るのは戦争が終わった後に行われる戦後処理の結果である。

すなわち、戦争が終わらなければ戦争に勝者も敗者もない。弱者の軍事的能力が低くても、降伏せずに延々と戦争を続けることができれば、戦争に勝者はない。

国民の意志が対中抑止力になる

仮に台湾が中国軍に占領されたとしても、台湾の住民に抵抗を続ける意志があり、耐えられる損害の限度が高ければ、中国が望む短期決戦が成功する可能性は低くなる。台湾を攻撃する中国軍のミサイルが１４００基あり、１基のミサイルが５００kgの爆弾を搭載しているとすると、台湾の都市や軍事基地に降り注ぐ爆弾は700tということになる。ベトナム戦争では、12日間に8万tの爆弾がハノイに投下されたが、北ベトナムは屈服しなかった。ベトナムの対中抑止力の源泉は、軍事力よりも戦争になれば最後の一人まで戦うという国民の意志である。

中国は圧倒的な軍事力を見せつけることによって相手の戦う意志を挫き、「不戦にして相手を屈服させる」ことを狙っている。したがって、中国軍の軍事的圧力が台湾において政治的効果を発揮するかどうかは台湾人の意志次第である。

近年、台湾の対中輸出比率は30%前後であり、対中輸入比率も20%前後である。台湾経済は中国に依存する部分が多い。しかし、最近は過半数の人が自らを「台湾人」であると考え、「中国人」であると考える人は数%以下である。また、過半数の人が独立または実質的に独立と変わらない現状維持を望み、中国との統一を望む人は数%以下である。経済的には中国の強い影響を受けているが、中国に併合されることを望まない台湾の存在は、「中華民族の偉大な復興」にとって大きな障害物になっている。

■民族主義は中国の「内臓の病」だ

現代の世界を動かす主要な力は経済と民族主義である。民族主義とは、民族の力を極大化しようとする運動であり、多くの場合、国家という最高の権力を持とうとする一民族一国家運動である。クリミア問題も南北朝鮮の対立も中台対立も、一民族一国家をめぐる民族の争いである。現代世界の深刻な脅威であるテロや民族浄化も民族主義の問題である。

民族とは理屈ではなく感情

経済は計算できる数字の問題であり、感情が入り込む余地は少ない。しかし、民族主義は感情の問題であり、独立や主権といった計算できない無限大の価値を求める運動である。「独立を、然（しか）らずんば死を」というスローガンを掲げて民族独立のために命を捧（ささ）げた人物はどの国でも英雄である。

では民族とは何か。人間を分類する方法の一つである。人間は人種、国民、民族によって分類される。人種とは、黒人と白人を見れば区別できるように、人間を外観で分ける形質人類学上の分類であり、遺伝子によって決まる。人種は生まれてから死ぬまで変わらない。したがって、個人の努力ではどうにもならない人種を理由に個人を差別することは理不尽である。

他方、国民は人間を国籍により分類したものであり、外見ではわからない。日本を含む多くの国では、外国人が国籍を取得することを認めている。生まれたときと死ぬときで違う国民であることはあり得る。個人は希望する国民になることができるのである。国民になるということは、その国と運命を共にし、自分の意志で選んだ国の国民としての義務を果たすということである。また、国家には国籍を問わず国内に居住する全ての人の安全を保障する義務がある。現代の世界では、国家は国民の運命共同体である。

人種は見ればわかる。国籍は旅券を見ればわかる。しかし、民族は外見でも旅券でもわからないことがある。民族とは、「運命共同体」のメンバーであると信じる人間の集団であり、民族の本質は感情であり理屈ではない。

中台対立も民族めぐる争い

民族の定義は曖昧であるが、人類の歴史を通じて人間は民族（運命共同体）を単位として戦ってきた。現代でも、旧ユーゴスラビア紛争は同一人種が複数の民族に分かれ、独立国家建設を目指して戦った戦争である。民族が独立国家を建設する権利（民族自決）は国連憲章第1条でも国際人権規約第1条でも認められている。

ただし、世界には現在、数千の民族が存在し国連加盟国数が193であることを考慮すると、全民族が独立国家を持つのは非現実的である。国際法にも「民族自決は、国内の異民族に対して差別なく対応している国家からの分離独立を奨励するものではない」（友好関係原則宣言）と謳われている。

中台対立の本質も、中国人と台湾人は共通の運命の下にある同じ民族だと主張する中国共産党と、台湾人は大陸の中国人とは運命が異なる違う民族だと唱える台湾独立勢力の争いにある。中国人と台湾人は同一人種であるという共産党の主張は正しい。しかし、台湾人が人種は同じでも運命が違うと感情的に信じていれば、中国人とは異なる民族ということになる。

中国人と台湾人が運命を共有する同じ民族なら、台湾独立運動は国家統一を破壊する反乱であり、正統性ある中央政府（中共）に対する地方（台湾）の反乱ということになる。領土内のヒトとモノに対して排他的に統治する権限を持つ中央政府が、国家の主権を脅かす地方の反乱を、武力を適切に行使して鎮圧しても、国際法上は違法行為にはならない。

少数民族の独立で国滅ぶ

他方、台湾で実施された最近の世論調査によれば、自分は中国人ではなく台湾人だと考える人が過半数に達した。独立か統一かの二者択一の世論調査では7割の人が独立を選択した。将来、台湾で民族主義が高揚し民族自決を主張して明示的に「独立」を宣言すれば、台湾に対する武力行使は主権国家に対する侵略と見なされる可能性がある。そうなれば、米国やその他の国も独立台湾を国家承認し、集団的自衛権を行使して台湾を支援することができるようになり、台湾に対する中国の武力行使が失敗する可能性が高くなる。漢民族とは運命が違うと考える少数民族の存在と、「漢民族も少数民族も同じ運命共同体（中華民族）である」という共産党の主張の対立という構造的問題を抱える地域は他にも存在する。

中国では「五族（チベット、ウイグル、モンゴル、台湾、朝鮮）が中国を騒がす」（五族鬧中国）といわれている。チベットやウイグルの独立勢力は自分たちの運命は中国人とは違うと考えている。

外国と国境を接し、少数民族人口が数百万人を超す少数民族地域は、面積では全中国の約６割を占める。また、少数民族地域には地下資源も多い。少数民族が分離独立すれば、多民族国家たる中華人民共和国は崩壊する。モンゴル王朝の元と満洲王朝の清を除き、中国史上最大の漢民族国家を建設したことを誇り、「中華民族の偉大な復興」を「中国の夢」とする中国共産党にとり、国家を分裂させる民族主義は最も危険な不安定要因である。

日中戦争時、中華民国総統であった蔣介石は「日本軍の侵略は皮膚の病だが、共産主義は内臓の病だ」と言った。今の中国共産党にとり、日中対立は「皮膚の病」かもしれないが、国内の民族主義は深刻な「内臓の病」である。

第4章

中華帝国の夢と矛盾

■ラグビー日本代表は未来の日本

街の中であなたが日本人であることを証明してくださいと言われたら、多くの日本人は戸惑うだろう。人種は見ればわかるが、国籍は見かけではわからない。

人種、国籍、民族とは

人間を分類する方法は三つある。人種、国籍（国民）、民族である。人種は、人間を外見で区別した形質人類学上の分類である。他方、国籍は人種とは関係なくその人が所属する国家によって決まる。国籍は自分の意志で変えられる。自分の意志で選んだものに対しては責任を取るべきである。

もう一つ人間を分類する方法がある。それは民族であるが、民族の定義は曖昧である。民族とは、歴史的に形成された共通の運命を持っていると主観的に信じている人間の集団である。民族の本質は「民族意識」である。民族とは大きな家族であり、家族のためならば人は損得抜きで戦う。民族はその構成員が自分の身を犠牲にしても守る価値があると信じているものであり、現在でも国際関係の主役である。

例えば、ユダヤ人は外見が異なる多くの人種やさまざまな国籍で構成されているが、自分がユダヤ人だと思っている人がユダヤ人であり、一つの運命共同体（民族）として苦難の歴史を戦ってきた。ユダヤ民族の国イスラエルの軍隊には、外見の異なるさまざまな国籍のユダヤ人が参加している。他方、イスラエル国籍であっても、運命共同体の一員ではないとユダヤ人に思われているアラブ人はイスラエル軍には入れない。

民族は人種や国籍によって決まるのではなく、主観的・感情的な「民族意識」によって決まるのである。

一民族一国家は理想の国

現在の国際関係の主役である民族は民族主義によって動く。民族主義とは民族の力を極大化しようとする運動である。現代の世界では国家が最大の力を持っており、民族主義は民族が国家を持とうとする運動である（一民族一国家）。一つの国家の中に複数の民族が存在すれば（多民族国家）、その国家は複数の運命を持つことになり、一つの運命に向かって一致団結して邁進することができない。

また一つの国家の中に複数の民族が存在すれば、民主主義も上手く機能しない。民主主義とは多数決であり、少数派は多数派の意見に従わなければならない。なぜ少数派は多数派の意見に従うのか。それは一民族一国家では、少数派も多数派も同じ運命を信じているからである。たとえ短期的には向かう方向が異なっていても、最終的には同じ運命に向かっているという共通認識が少数派と多数派の間にあるから、少数派は同じ運命を持っている多数派の意見に従うのである。もし、少数派と多数派が異民族ならば、違う運命を持つ多数派の意見に従えば、少数派の運命は実現できないことになる。

したがって、少数派が多数派に従う民主主義が機能するためには、一民族一国家でなければならない。一民族一国家であれば全ての国民が共通の運命に向かって力を合わせて進むことができる。また、現在の世界では国家が教育を通じて国民の間に「運命共同体」意識を広め、一民族一国家を実現しようとする傾向があり、国民が民族になることもある。

民族主義が日本を救う

米国の国籍を取得しようとする者は、「それまで保有していた米国以外の全ての国や組織への忠誠を放棄して米国だけに忠誠を誓い、国内外の敵から米国の体制を守ることを誓う」（忠誠の誓い）。米国民とは米国の理念と共通の運命を信じる者（民族）の集団である。移民の中には米国に対する忠誠を証明するために、軍隊に入って米国のために戦う若者も多い。なお国籍を取得するということは、運命を共有することを公式に誓う重要な行為である。「ラグビーワールドカップ２０１９」では、日本代表のメンバーは、出身国はさまざまであるが、全員が「日の丸」を掲げ「君が代」を歌って日本のために戦った。なお、選手は自分の意志で日本代表を選択すれば、通常、その後は日本以外の国の代表になることはできない。

国力の基礎は人である。日本人が日本の繁栄、安全、国際的影響力の維持拡大を望むならば、生産労働人口の減少は重大な危機である。米国や英国、フランスなどの西欧諸国は人口が増えている。未来の日本が、人種を問わず日本という「運命共同体」を信じて日本のために命を懸けて戦う日本民族で構成されていれば、国際社会における日本の影響力は大きくなり、ランキングが上の強敵にも勝てるだろう。

■体制への不安から暴走する中国

最近、中国では国内外の情勢が緊張している。国内では共産党の中心から末端まで汚職が広がり、貧富の差が拡大し、経済成長も減速している。共産党大会が近づくと党幹部の権力闘争も激しくなってくる。

他方、隣国との関係も緊張している。常設仲裁裁判所の裁定（２０１６年）を無視した南シナ海における中国の行動は、周辺国との関係を悪化させ、東シナ海でも漁船と公船を日本の領海に侵入させて日本との関係を悪化させている。東シナ海や南シナ海で対立を煽る中国共産党は何を考えているのか。

軍と外交の一体化で影響力拡大

中国共産党も共産主義政党ならば、最終目標は全世界の労働者と団結し、全世界の資本家を打倒する世界革命である。共産党の道具である軍や政府もあらゆる手段を駆使して世界革命を実現しなければならない。これが共産党の基本構造である。

しかし、拝金主義が蔓延する現在の中国で共産主義は人気がない。そこで共産党の目標は「世界革命」から「中華民族の偉大な復興」に変わった。共産党の道具である軍と政府は、あらゆる手段を駆使して「中華民族の偉大な復興」を実現しようとしている。

中国外交には「強制外交」、すなわち相手を威嚇することによって「同意」を強制する傾向がしばしば見られる。他方、中国軍には「軍事外交」という概念があり、軍が武力で相手を威嚇し、「同意」を強制する「外交」をすることがある。東シナ海と南シナ海では軍と外交が一体化して軍事力による影響圏拡大を目指している。

中国では共産党が頭である。右手と左手が軍と政府（外交部）であり、利き手は右手（軍）である。右手（軍）が強硬派で左手（外交部）が穏健派という見方は意味がない。右手と左手の動きは頭が決める。中国憲法によれば、全ての国民は共産党に忠誠を誓い行動しなければならない。

ソフトパワー衰退の可能性も

中国共産党は簡単に解決できない構造的な問題を抱えている。共産党が資本主義経済を実行しているという根本的な矛盾は、共産党が資本主義政党に権力の座を譲るか、資本主義経済を廃して共産主義経済に戻り、再び全国民が平等に貧しくなれば解決する。しかし、経済発展を正統性の根拠とする現在の中国共産党がこの二つの道を取る可能性はない。

国内問題を国内で解決できなければ、国内問題を国外に転嫁する道が残っている。国内改革は利益を得る者と失う者を生み国内を分裂させるが、外敵の脅威は政府が不人気であっても国内を団結させる。そのために中国は東シナ海と南シナ海に出てきたのである。これが「中華民族の偉大な復興」の本質である。

中国共産党が仲裁裁判所を無視し周辺国との摩擦が大きくなれば、中国に対する国際社会の評価は下がる。しかし、共産党の従来の説明とは違う仲裁裁判所の裁定に従えば、共産党の国民に対する説明は間違っていたということになり、共産党に対する国民の信頼感は低下する。共産党にとって、国内で国民の不満が高まり体制が不安定になるコストは、国際社会における評価が下がるコストよりもはるかに大きい。仲裁裁判所を無視する行動は、権力を維持しようとする共産党にとって合理的な行動である。共産党に取って代わろうとする敵は国内にいる。

しかし、貿易依存度（輸出入額の対ＧＤＰ比）が30％を超え、経済発展を貿易に依存する中国にとって、国際法を無視する国家であるという評価が国際社会に広がれば、多くの国が中国と経済面での合意を躊躇し、中国に深刻な経済的不利益をもたらすだろう。その結果、中国のソフトパワーは弱まり、外国における経済競争と政治的影響力に深刻な悪影響を与えるだろう。独裁国家では、独裁者の利益と国民の利益が一致しないことが多い。

軍事同盟の要は「共通の敵」

中国の周辺国は中国の国内問題に介入できず、問題を解決する力もない。国内問題に起因する中国の違法な行動に抵抗するためには、中国の「強制外交」や「軍事外交」を拒否できる必要十分な軍事力を保有しなければならない。

ただし、日本が防衛力を増強する際に考慮すべき点が二つある。一つは、日本が防衛のために軍拡すれば、中国も対抗して軍拡し、軍拡競争が発生して、日本が軍拡する前よりも戦争の危険が大きくなる（セキュリティー・ジレンマ）という説である。本来、セキュリティー・ジレンマは、何もしなければ平和が保たれる現状維持国家間で成立する理論であり、一方が侵略的国家である場合は成り立たない。侵略を抑止する防衛力強化は、国民の安全を守る政府の義務である。

また、「長い平和」といわれた米ソ冷戦が証明したように、合理的な国家間の軍拡競争は戦争を抑止する。軍拡競争のコストは戦争のコストより小さく、合理的な国家はコストが小さい方を選ぶ。中国はコストを計算して行動する合理的な国家と見なせるだろう。

もう一つは、軍事同盟を支える要は共通の敵の存在であるという点である。日本の防衛力強化に日米同盟は不可欠であるが、米国では歴史的な繋がりにより欧州を重視する傾向があり、中国の脅威よりもロシアの脅威がより強く認識されていた。しかし、中国の急速な勢力拡大により、中国が米国にとっても第一の敵になりつつある。その結果、日米は共通の敵を持つことになった。

■「中国の夢」で国民を煽る共産党

19世紀から20世紀にかけて、中国人は戦乱と混乱の中で苦しんだ。厳しい環境の下で中国人の心を支えたのは、過去の栄光と未来の夢であった。

日本軍に押され続けた日中戦争

日中戦争が拡大していた１９３８年に、毛沢東は「弱い中国」が「強い日本」に勝つ戦略として「持久戦論」を書いた。「持久戦論」によれば、資源がない日本は長期戦には耐えられない。他方、中国は半植民地・半封建国家で軍事力・経済力は日本に及ばないが、国土が大きく資源が豊かで、長期戦になれば日本は敗北する。

また、「持久戦論」は戦争を三段階に分けている。第一段階は、日本軍の進攻と中国軍の防御の時期である。日本軍は大都市や交通線を占領する。第二段階は、日本軍と中国軍の対峙の段階である。日本軍の兵力不足と中国軍の抵抗により、日本軍は進攻の終末点に達する。第三段階は、日本軍の退却と中国軍の反攻の時期である。中国軍は最終的に日本軍を殲滅する。すなわち、毛沢東の軍事戦略は、敵が強いときには戦わず、敵が弱くなったときに一挙に殲滅するというものである。

日中戦争の実態を見ると、共産党軍は日本軍との戦闘よりも重要地方都市の占領を優先し、国民党の地方軍閥は対立抗争を繰り返していた。共産党軍は日中戦争の主要な戦闘には参加せず、１９３７年の上海戦、38年の徐州戦、武漢三鎮攻防戦、その後の長沙戦にもビルマ戦線にも現れなかった。

38年には徐州など華北・華中の主要都市は日本軍に占領された。さらに、日本軍は44年から45年にかけて日中戦争の中で最大規模の「大陸打通作戦」を実行し、鄭州、洛陽、長沙を占領した。中国の戦場では45年になっても日本軍は優勢であった。

しかし、米ソの対日戦争で日本軍が崩壊し、日本は戦争に敗れた。その結果として中国戦線でも日本軍は降伏した。毛沢東の軍事戦略は現実ではなく夢であった。

毛沢東が徹底した思想教育

日中戦争における毛沢東思想の意義は、共産党軍兵士に自らの戦いが正義の戦いであり必ず勝利するという信念を植え付け、共産党軍の士気高揚に大きく貢献したことである。

近代中国では、兵士は略奪暴行を目的に戦うならず者であると見なされてきた。蔣介石の軍事顧問であった米国陸軍のスティルウェル中将は国民党軍を「自分のことしか考えない、ならず者の集団である」と評価していた。初期の共産党軍兵士も軍閥軍と同様に、遊民無産階級出身者が多く、各地で略奪暴行事件を起こした。しかし、毛沢東は徹底した思想教育と厳しい軍紀によって、ならず者の貧民の集団を、軍紀の厳正な兵士の集団に変身させた。

日本軍が降伏した後、共通の敵を失った共産党と国民党の間で内戦が再発した。48年から49年にかけて三大戦役といわれる大きな戦いがあり、共産党が勝利した。いずれの戦役を見ても数的に共産党軍が優勢であり、勝敗は優勢な敵を目の前にした国民党軍の戦意が崩壊したことによって決着した。

三大戦役によって国民党軍は数十万人の兵士を失ったが、その7割は逃亡、投降、寝返りであった。蔣介石は日中戦争の中で、「戦争の勝敗を決する要素の中で、武力が占める割合は多くとも1割から2割であり『精神によって物質に勝つ』ことができる」と述べていた。精神力に欠ける国民党軍が勝つチャンスはなかった。

国民の不満をそらす中国の夢

1949年1月、北京に共産党軍は無血入城したが、意気揚々と北京に入城した共産党軍の先頭を切ったのは、赤旗を掲げた旧日本軍の九七式戦車であった。専門知識のレベルが低い国共両軍には、降伏後、多くの旧日本軍将兵が軍事顧問として参加していた。

結局、近代化が遅れた軍閥軍が中心である国民党軍や、戦闘力が低いゲリラ中心の共産党軍は、日中戦争当時、世界有数の軍事大国であった日本軍に勝つことはできなかった。

しかし、国共内戦は、問題だらけの現実を守ろうとする腐敗した国民党軍兵士と、現実にはあり得ない完全無欠の共産主義社会の実現を夢見る共産党軍兵士の戦いになった。国共内戦は現実と夢の戦いであった。その結果、国共内戦は両軍兵士の戦う意志の差で勝敗が決した。

ただし、政権を取った後の共産党は現実の体制を守る側になったが、さまざまな国内矛盾を解決することができず、現実の国内問題から国民の目をそらすために、夢を掲げる戦略から脱却することができなかった。

数年以内に経済力で英国を追い抜く「大躍進」(58年)政策から、反革命分子を打倒し正しい社会主義文化を創生する「文化大革命」(66年)、皆が金持ちになる「改革開放」(78年)、そして超大国の復活を目指す「中華民族の偉大な復興」まで、共産党は国民を熱中させる「中国の夢」を煽り続けているのである。

■「中華民族の偉大な復興」へ軍拡止まらぬ

2018年1月の米中経済安保調査委員会の公聴会で、米国のシンクタンク「ランド」の研究員は「2035年に中国軍の戦力はインド太平洋地域において、米軍や同盟国軍と同等以上になる」と報告した。アジアの安全保障を不安定化する中国の軍拡を分析する。

着々と進む「新帝国主義」路線

１９８０年代に入ると、中国では皆が平等に貧しくなる共産主義を目指していた毛沢東の時代が終わり、鄧小平によって金儲けの才覚のある者だけが豊かになり、貧富の差が広がる資本主義の時代になった。その結果、中国経済は急速に拡大し、経済の分野で米国に追いつき追い越そうとしている。

「金持ち大国」になった中国は、巨大な経済力をフル活用してアジアから世界へ影響圏を拡大している。南アジアやアフリカそして南太平洋で、中国は19世紀の欧米列強と同じように高金利で金を貸し、担保の港湾や鉱山などを99年間租借する「新帝国主義」を実行している。

現在の中国の動きは三つのキーワードで説明できる。すなわち、①19世紀以前に世界の超大国であった中華帝国の復活を目指す「中華民族の偉大な復興」（１８２０年に清国の国内総生産は世界の36％、２０１９年の米国の国内総生産は世界の24％）、②アジアという山から日本やインドなどのライバルを排除し、さらに世界の山から米国を排除する「一つの山に二匹の虎はいない」、③世界秩序を中国の覇権下で再構成する「我に順う者は昌え、我に逆う者は亡びる」、である。

基本戦略は「戦わずに敵に勝つ」

１９４９年の中華人民共和国建国から現在まで、中国共産党をめぐる環境は大きく変化した。しかし、中国共産党が力で国民を支配している事実は変わらない。

習近平政権下の中国では「普遍的価値、報道の自由、市民社会、市民の権利、共産党の誤り、特権資産階級、司法の独立」が禁句であり、「専制、終身制、独裁、即位、皇帝万歳」がインターネットで検索できなくなった。現代の中国は、権力と資本が癒着した特権資本主義、縁故資本主義の国であり、10億人が年収50万円以下で生活し、デモや暴動などの集団的非合法活動が年間20万件以上発生する国である。

独裁政権は、国民の支持ではなく、力で国民を抑圧し体制を維持している。故に政権を維持するためには、軍隊や警察などの強制力を強化しなければならない。しかし、国民に対する強制力を強化すれば、国民が反発して政権に対する国民の支持が減ることになる。

この矛盾を解決するために独裁政権は国外に敵をつくり民族主義を煽って、政権に対する国民の不満を外敵に転嫁する傾向がある。国民に対する民族主義の扇動と、民族主義の敵を打倒するための軍拡は、国内矛盾が広がり政権への国民の不満が高まった独裁政権に見られる典型的な行動である（スケープゴート理論）。

中国共産党の軍事戦略の基本は、敵を威嚇することによって「戦わずして勝つ」ことである。孫子兵法によれば、「兵力が敵よりも小さければ戦わず、敵の２倍あれば敵を分裂させ、敵の５倍あれば敵を攻め、敵の10倍あれば戦わずとも敵は屈服する」。中国は日米などの強敵に対しては世論戦や心理戦を展開して敵の分裂を狙い、台湾やアジアの小国に対しては10倍の兵力を展開し、戦わずに敵を屈服させようとしている。

中国が建造している巨大な空母は砲艦外交の象徴である。鈍重な空母はミサイルや魚雷に弱く、攻撃力が高い強敵には無力であるが、攻撃力がない小国には威嚇効果が高い。中国の空母は米軍にとって格好の攻撃目標以外の何物でもないが、アジアの小国には対抗できない脅威になる。当面、アジアの虎を狙う中国は日本の５倍から10倍の軍事力を持とうとしている。

変化する人民解放軍の役割

中国の軍拡を考える際に忘れてはならない点は、軍産複合体の拡大である。軍用機や軍艦の建造は共産党の資金源である国有企業に多額の予算を投入することを可能にする。すなわち、軍拡は国有企業を支配している共産党の幹部が大金を手にすることを意味する。

現在の中国で、共産党を脅かす力を持つ組織は人民解放軍だけである。革命軍として生まれた解放軍は、基本的に革命を宣伝するゲリラが大規模化した陸軍主体の軍隊である。しかし、今後は「中華民族の偉大な復興」を実現するために、海軍と空軍の役割と規模が拡大するだろう。そうなれば予算や政治的地位をめぐる陸海空軍の対立が大きくなると予想される。また、国内の治安維持にあまり役に立たない海軍と空軍の拡大は、共産党と解放軍の関係を変化させるだろう。中国ではすでに治安関係予算が国防費よりも大きくなっている。

これまで共産党は、戦闘指揮官としての能力に疑問があっても共産党への忠誠心が高い軍人を優先し、戦闘能力が高くても共産党への忠誠心が疑われる軍人を抑えてきた。しかし、戦闘力がない国内の反革命勢力を打倒する「人民解放軍」から、戦闘力がある外国軍と戦う「国軍」への変化は、必然的に共産党の私兵としての性格を薄める方向に作用するだろう。共産主義とは無関係の最新兵器を導入する軍拡は、政治教育を重視し共産党を守る軍隊を、技術を重視し国を守る軍隊へと変質させ、共産党にとって政権を維持するために不可欠な強制力を失うリスクになる可能性がある。

■「中華帝国」再興という危険な夢

東シナ海や南シナ海における、中国の強硬な対外行動の背景には、何があるのか。その対外行動の原則を探る。

「失地」回復の正義

キーワードは、中国共産党がスローガンに掲げる「中華民族の偉大な復興」である。中国は偉大な過去の栄光を取り戻そうとしている。過去の栄光とは、東アジアに君臨して世界の超大国であった19世紀以前の中国である。中国共産党によれば、19世紀以降、帝国主義者たちは中国に対して侵略戦争を行い、広大な中国の領土を略奪した。習近平国家主席が唱える「中国の夢」とは、偉大な中国を取り戻すことである。

1952年発行の中国の中学歴史教科書『中國近代簡史』の地図によれば、帝国主義に奪われた領土は以下の地域である。

カザフスタン、キルギス、タジキスタンの一部（1864年ロシア領）、パミール高原（1896年英露が分割）、ネパール（1898年英領）、シッキム（1889年英領）、ブータン（1865年英領）、アッサム（1826年英領）、ビルマ（1886年英領）、タイ（1904年英仏共同支配下で独立）、ベトナム、ラオス、カンボジア（1885年仏領）、マラッカ（1875年英領）、台湾（1895年日本領）、琉球（1879年日本領）、朝鮮（1910年日本領）、露ハバロフスク州（1858年露領）、沿海州（1860年露領）、樺太（1905年日露が分割）などである。

明朝時代の地図（「大明萬世一統圖」「今古華夷區域總要圖」）には、日本、大琉球（沖縄）、小琉球（台湾）は、中国ではない周辺国として描かれている。

スプラトリー（南沙）諸島は、清朝と明朝の地図には描かれていない。中華民国当時の地図（「中華民國新地圖」1934年）にも、南沙諸島は載っていない。中華人民共和国になって、前記教科書の地図が、フィリピンとマレーシアの間にあるスールー諸島を含む南

帝国主義に奪われた中国の領土
（「帝國主義割取中國領土圖」劉培華編『中國近代簡史』）

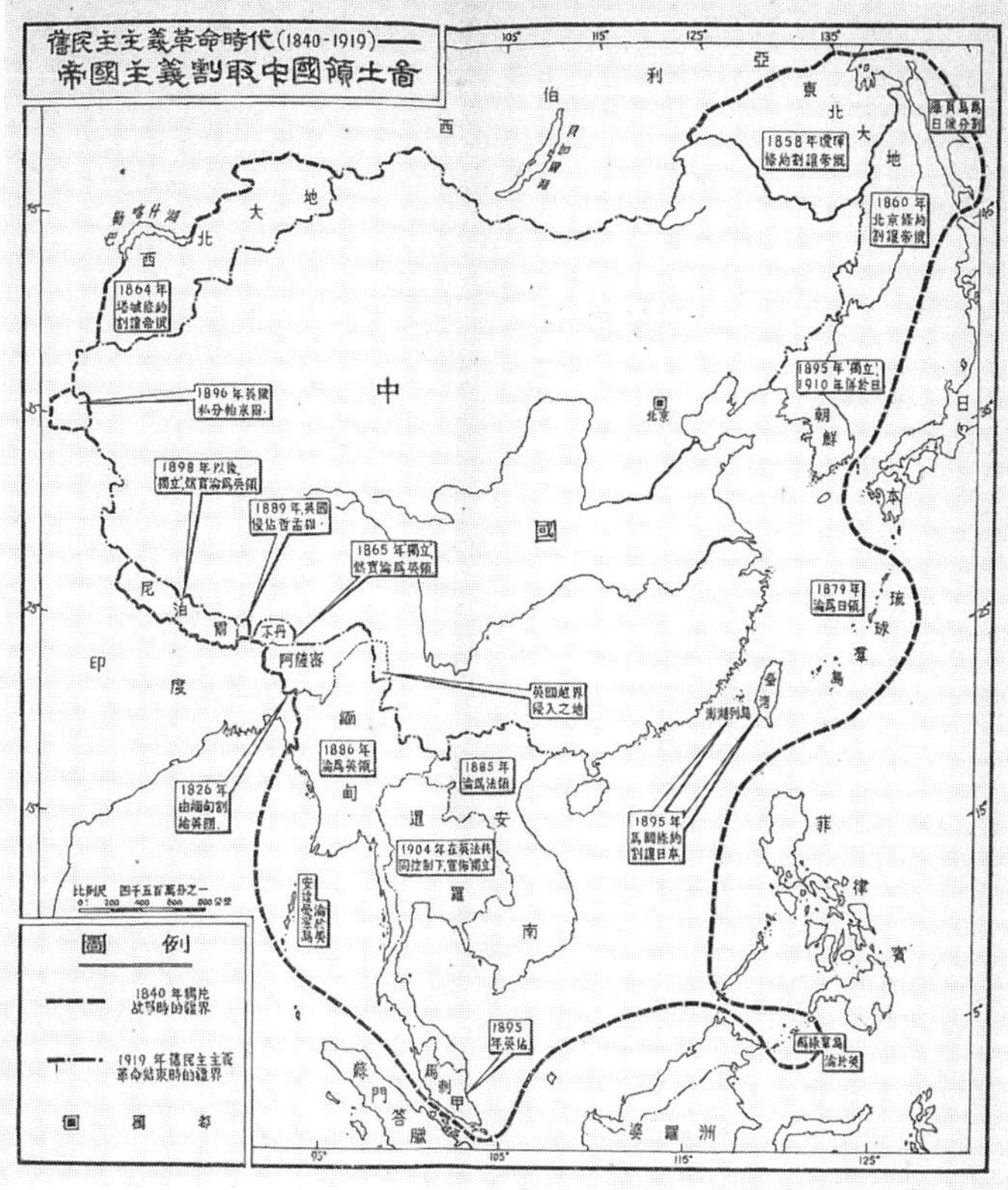

シナ海全域を、中国の領土とした。

南沙諸島を実効支配した最初の国は日本である。日本は1917年から調査を始め、39年3月には南沙諸島を台湾総督府に編入し、日本統治下に置いた。その後、太平洋戦争に敗北した日本が南海諸島から撤収すると、南シナ海の各沿岸国が領有権を主張するようになった。

法的根拠なき南シナ海領有

南沙諸島を中国領と認める国際条約は存在しない。古文書に基づき南シナ海が2000年前の漢の時代から中国の支配下にあったという主張も、19世紀以降に英米とドイツが測量・調査した事実も、領有権を主張できる国際法上の根拠となる「先占」（どの国にも属していない土地を他国よりも先に支配すること）とは認められない。「先占」が有効になるには、国家がその意思を明確に表明し、実効的占有が継続されなければならない。中国の12海里領海宣言（1958年）も、領海法施行（92年）も一方的宣言に過ぎない。

近年、中国は国力の増大を背景に国際法上の根拠がない「中国の夢」の実現に乗り出した。ただし、「奪われた領土」を全て取り戻そうとしているのではない。その軍事行動には原則がある。軍事行動の利益とコストを計算して、利益がコストを上回ると判断した場合に行動する。人が住んでいない海上境界線の変更は、陸上国境線の変更よりも目立たずコストが低い、と中国は考えている。

１９８８年3月14日、南沙諸島をめぐり中越間で海戦が起きた。その結果、ベトナム海軍の輸送船２隻が沈没し、１隻が大破した。双方の死者は１００人を超えたとされる。ベトナム戦争の後遺症に苦しむ米軍が関与する可能性は少なく、ベトナム海軍は中国海軍に比べて劣り、軍事力を行使しても大損害を被るリスクは低いと中国は見積もっていた。

米軍との衝突リスクは回避

一方、フィリピンのミスチーフ礁を占拠する最大のリスクは、米軍の介入であった。それを恐れた中国は、交渉による解決や問題の棚上げを主張し、米軍介入のリスクを回避した。しかし、91年9月、フィリピン上院が米比基地協定の批准を否決し、92年11月に米軍はフィリピンから完全撤退した。米軍が介入する可能性が低くなったと判断した中国は95年、武力を行使してミスチーフ礁を占拠した。

中越海戦における中国の行動から読み取れるのは、米軍との衝突というリスクがなく、中国軍より弱いベトナム軍との衝突ならばコストが低いという条件下だったから、中国は軍事行動を選択したということである。ミスチーフ礁占拠のケースでは、フィリピン軍との軍事衝突のコストは低いものの、米軍との軍事衝突のリスクは高い、という条件下だったため、中国は軍事行動を選択しなかった。しかし、米軍撤退後は、米軍との衝突のリスクが低くなったので、中国軍は軍事行動を選択したのである。

中国は、米軍との衝突が予想される場合には、軍事行動をとらない。したがって、中国が「中国の夢」から目覚めない限り、「奪われた領土」に含まれる周辺国家にとって、米軍との関係は安全保障上のキーポイントである。

■朝鮮を「保護国」化する中国

北朝鮮の貿易の9割を占める中国は、北朝鮮政権の生殺与奪の権を握っている。国連決議を無視する北朝鮮を中国はどうしようとしているのか。

国連決議は守られているのか

２０１７年5月3日、朝鮮中央通信は、「われわれは米国の侵略と脅威から祖国と人民を死守するために核を保有した。朝中関係は重要であるが、生命と同然の核と引き換えてまで、哀願することはない」と論評した。これに対して、中国の『環球時報』は「罵詈雑言を投げ合う論争を続けるつもりはない」と述べている。

中国の主張は、国連の制裁決議に則って北朝鮮を制裁しているが、北朝鮮が中国の言うことを聞かないというものである。「中国が米国に追従して北朝鮮に圧力をかけているが、北朝鮮は決して外国の圧力に屈しない」という北朝鮮の主張は、中国の主張を裏付けるものであり、中国の主張の援護射撃である。北朝鮮は中国の手の中で動いている。

中国中央テレビは、報道の自由がない北朝鮮から、中国の制裁によって平壌ではガソリンが不足していると放送した。中国の制裁が効果を発揮しているという報道である。中国は国連決議を守って北朝鮮を制裁したと言っているが、実際には地方政府の辺境貿易や民間企業を通じて制裁に抜け道をつくり、さまざまな条件を付けて制裁を骨抜きにした。

他方、北朝鮮がミサイル発射や核実験をすればするほど、国際社会は中国に北朝鮮の説得を依存するようになる。北朝鮮の暴走は国際社会で中国の立場を強めている。２０１７年には米国も中国に配慮して台湾総統との会談を取り止め、南シナ海で中国を牽制する「航行の自由作戦」を一時中断した。

「朝鮮半島で優越的地位を固める」

そもそも中国にとって北朝鮮とは何なのか。

20世紀末から中国では、朝鮮半島の北部は古代から中国の一部であったという研究が盛んに発表されるようになった（東北辺疆歴史与現状系列研究工程）。２０００年前の漢の時代、朝鮮半島北部は漢王朝の支配下にあり、漢の行政府が設置されていた（漢四郡）。漢王朝が崩壊すると、中国東北地方から朝鮮半島北部にかけて高句麗王朝が成立した。その後、朝鮮半島南部に朝鮮民族の王朝である新羅と百済が成立し、高句麗、新羅、百済の三国時代を経て、７世紀になると新羅が朝鮮半島を統一した。

現代の中国でも、中国遼寧省にある高句麗山城の碑石には「高句麗は中華民族が建てた国であり、高句麗民族は中華民族の大家族の一員だった」と刻まれている。また、大学の教科書『中國古代史』には、「高句麗は東北地区の少数民族政権であり、中国の領域であると見なされていた」と記されている。

このような中国の主張に対して韓国は反発し、『東亜日報』は社説で「中国は、北朝鮮が崩壊した場合、朝鮮半島北部に対する歴史的縁故を主張することで、韓国や米国の侵入を阻止し、韓半島における優越的地位を固める考えである」（２００７年1月27日）と批判した。

中国の領土は次のように説明されることがある。「ひとたび中国のものとなった領土は、永久に中国のものでなければならない」（フランシス・ワトソン『中共の国境問題』）。

制裁参加の目的は生存の保証

次に中朝関係を「最大の損害を最小にする」（minimax）という国際関係理論から検討する。朝鮮半島には統一と南北分裂のままという二つの道がある。中国にとってそれぞれの道の最悪のケースは、統一の場合は、統一した強い反中朝鮮の誕生であり、南北分裂の場合は、中国の隣に南北分裂した弱い反中朝鮮が存在することである。南北分裂した弱い反中朝鮮よりも統一した強い反中朝鮮の方が中国の強敵になる可能性が高い。

また、統一した強い朝鮮よりも、南北分裂した弱い朝鮮の方が中国は影響力を及ぼしやすい。したがって、南北分裂した弱い朝鮮の方が中国にとって望ましいことになる。南北分裂を維持するためには北朝鮮を守らなければならない。

ところで、中朝は朝鮮戦争で共に血を流し米帝国主義と戦った「血で結ばれた戦友」と言われてきた。しかし、今の中朝両国で「血で結ばれた戦友」を信じている人はほとんどいないだろう。それでも中朝間には「どちらか一方が他国に攻撃された場合、もう一方は自動的に他方を助ける」という「参戦条項」を含む「中朝友好協力相互援助条約」がある。

中国が北朝鮮を守るという意味は、金正恩政権を守るという意味ではない。金正恩政権が北朝鮮を守る障害になると判断すれば、中国は別の政権にすげ替えようとするだろう。「参戦条項」は中国が北朝鮮に介入する格好の口実になり得る。金正恩政権の最大の脅威は中国であろう。

中国にとって北朝鮮は失うことが許されない中華帝国の一部であり、中国が制裁に参加する目的は、日米が主導する制裁を緩和して北朝鮮の生存を保証することである。

■中国に呑み込まれる少数民族

5人が死亡し38人が重軽傷を負った北京・天安門広場自動車突入事件（2013年10月28日）の背景に、中国の少数民族、ウイグル族の問題がある。この問題を理解するには「東トルキスタン」の歴史と現実を知る必要がある。

「東トルキスタン」の浮沈

ウイグル族を含むトルコ民族は、東北アジアのモンゴルからアナトリア半島のトルコまでユーラシア大陸の中央部に広く分布し、中央アジアの西半分は西トルキスタン、東半分は東トルキスタンと呼ばれる。旧ソ連邦を構成していた西トルキスタンは独立して、現在はキルギス、タジキスタン、ウズベキスタン、カザフスタン、トルクメニスタンの各共和国となっている。一方、東トルキスタンは19世紀後半に清朝軍が遠征して新疆省を設置し、現在は新疆ウイグル自治区として中華人民共和国の一部になっている。

19世紀後半の東トルキスタン再征服は、欧米列強の侵略に苦しむ清朝には一大慶事であった。遠征軍の司令官左宗棠は太平天国革命の圧殺者であったにもかかわらず、中国の英雄として中国共産党からも高い評価を受けている。

1862年に中国西北部でイスラム教徒の反乱が勃発し、東トルキスタンは一時、中国本土から完全に切り離された。しかし、1876年に清朝は東トルキスタンの再征服に着手する。遠征軍は1877年12月にイスラム教徒の最後の拠点を制圧し、1884年に「新疆省」を設けた。

東トルキスタン再征服は、欧米列強の侵略と植民地化を経験した漢民族が、自らの植民地として東トルキスタンに目を付け、植民地化（国内植民地 Internal Colonialism）を図ったものである。

1944年9月、新疆省に駐留する国民党軍とイスラム教徒の間で戦闘が始まり、1945年1月、イスラム教徒は「東トルキスタン共和国」の成立を宣言した。中国共産党によれば、「国民党反動派の暴虐、圧迫が新疆において限度に達したときに、新疆人民は民族圧迫に反対する武装闘争を爆発させた」（『新華月報』）のである。

しかし、駐華ソ連大使が仲介を申し入れて、1945年9月に国民党政府と「東トルキスタン共和国」の和平交渉が開始され、46年1月に双方が参加する新政府を作る合意が成立し、「東トルキスタン共和国」独立の旗は降ろされた。

スターリンの独立条件を阻もうとする中国共産党

さらに１９４９年になると、10月から12月にかけて中共軍が新疆に入り、中華民国時代は実質的に中国本土から独立状態にあった新疆省も、中国共産党によって再び中国に組込まれた。１９５５年には「新疆ウイグル自治区」が設置された。

現代の国際社会では、民族自決（一民族一国家）は民族の正当な権利である。旧ソ連憲法によれば、ソビエト社会主義共和国連邦は各民族共和国が独立する権利を保留して、「自発的」にソ連邦に参加した連邦国家であった（所属国家選択説）。ただし、スターリンは民族が独立できる条件も示した。①人口が１００万人以上ある、②共和国の名を冠した民族がその過半数を占めている、③外国と国境を接している、という三条件である。

中国ではチベット、ウイグル、内モンゴルの各自治区は、スターリンの言う独立国家の条件を満たしていた。中国共産党に対する、これらの地域の民族運動のスローガンは、自治区にソ連邦の共和国と同じ権利を認めよというものであった。

中国共産党政権が中国人（漢民族）に支持される最大の根拠は、中国史上、漢民族国家として（異民族国家の元と清を除いて）最大の領土を実現した点にある。仮に少数民族地区が分離独立すれば、中華人民共和国の領土は半分以下になり、共産党は中国人に支持される根拠を失うことになる。

このため、中国共産党は少数民族地区がスターリンの三条件を満たさないように、さまざまな政策をとってきた。最大の効果を上げたのが漢人の移住であった。

「中華民族」の国が現実化

漢人は中国の総人口の9割以上を占める。中国が持つ最強のカードは人の数である。中国共産党は建国以来、多数の漢人移民を少数民族地区へ送り込んだ。その結果、内モンゴル自治区では、人口の9割以上が漢人になった。同自治区はもはや、スターリンの民族独立条件を満たさなくなっている。

新疆ウイグル自治区でも同様の状況が生まれつつある。現在、ウイグル人が人口の4割まで構成比率を減らしているのに対し、漢人は4割を占めるまでになっている。近い将来、新疆ウイグル自治区で漢人が最大の民族になることは確実である。そうなれば、その土地に住む人々の意思を尊重する「民族自決」に基づいて、新疆ウイグル自治区がウイグル民族の国として独立するのは不可能になる。ウイグル民族独立運動に残された時間は少なくなってきている。

なお、今も依然としてチベット民族が人口の９割を占めているチベット自治区でも、青蔵鉄道の開通など移動手段の発達によって、漢人の移住は加速されている。チベット自治区の首都ラサではすでに漢人が多数派になっている。

中華人民共和国は「中華民族」の国であるという中国共産党の主張は、「プロパガンダ」から「現実」になりつつある。

■日本に浸透する中国の世論戦

現在、中国の対日戦略の重点は日本国民への世論戦（心理戦）である。中国の対日世論戦が効果的に機能する構造を分析する。

新たに生まれた疑似階級闘争

民族主義と階級闘争という視点から日中を比較すると、中国は民族主義が強く階級闘争が弱い国である。他方、日本は民族主義が弱く階級闘争が強い国である。この構造が対日世論戦を支えている。

中華人民共和国ではすでに資本家階級は打倒され、労働者が権力を持つ国家になったのであり、階級闘争は存在しないことになっている。現在の中国では体制を打倒する「革命」という言葉は禁句である。現在の中国は階級闘争がない国家であり、政府と国民が一体になって行動できると中国共産党は主張している。

元来、共産党の目標は世界の労働者を結集して世界革命を達成することであったはずだが、現在の中国共産党の目標は世界革命ではなく、「中華民族の偉大な復興」を実現することである。中国共産党のスローガンを見る限り、中国は民族主義を鼓吹する国家である。他方、第二次世界大戦後の日本では、国民が一致団結して行動する民族主義を、軍国主義の一種として嫌悪する傾向がマスコミと教育界にあった。

ソ連が崩壊し共産主義の正統性が地に堕ちた後、階級闘争史観から抜けられない日本の左派は新しい階級闘争を創り出した。古典的な労働者階級による階級闘争とは異なる形態の、階級に準(なぞら)えた「リベラルな市民」が「反動的な政府」と闘うという疑似階級闘争である。

日本の左派の歴史を見ると、第二次世界大戦以前の日本で左派を弾圧したのは、天皇制に対する脅威であった共産主義や社会主義を排除しようとした軍国主義的な日本帝国政府であった。敗戦によって大日本帝国が崩壊し、日本の左派にとって最大の敵は消えた。民主主義が根付いた戦後の日本では右派も左派も共存できる社会が実現した。

しかし、戦後の日本の左派にとって、自らの生存に最も深刻な脅威を与える敵は軍国主義的な日本の復活である。したがって、戦後の日本の左派にとって第一の敵は日本の軍国主義であり、中国の軍国主義ではなかった。

進められる左派との共闘

他方、歴史的に「一つの山に二匹の虎はいない」と考える中国にとって、東アジアという一つの山にいる日本は、中国が生き残るためには屈服させるべきもう一匹の虎であった。特に、中国に屈服することを拒否する日本の右派は打倒すべき敵であった。すなわち、日本の左派の敵である日本の軍国主義と、中国の敵である日本の右派を重ねることができれば、中国共産党が主張するように「日本軍国主義は中日両国人民の敵」なのである。

元来、共産主義者にとって味方は各国の労働者階級であり、敵は自国を含む世界の資本家であった。しかし「中華民族の偉大な復興」という民族主義をスローガンにする現在の中国共産党政権は、民族対民族という構図で国際関係をとらえている。日本の左派も日本人であり、屈服させる日本の一部ではあるが、敵の敵は味方である。

日本の左派と、中国という国家は、左派の敵である過去の日本軍国主義と中国の敵である現在の日本を重ねることによって共闘できるという側面がある。したがって、中国は日本の左派を取り込んだ形で、日本という国家との競争を有利に展開しようとしている。

米国には機能しない日本主敵論

中国は米国に対しても、中国と米国には日本軍国主義という共通の敵が存在し、中米は共闘できると主張している。しかし、現在の米国にとって主敵は米国の覇権を脅かす中国であり、過去の日本軍国主義ではない。中国の「日本軍国主義は日中共通の敵」論は日本の左派を取り込み、日本を分裂させる効果をあげているが、「日本軍国主義は米中共通の敵」という主張は米国に対しては機能していない。

日中関係では、中国政府が自国を階級闘争を卒業し、国民と政府が一体化した民族主義国家として行動するのに対して、日本の左派は日本を「市民対政府」という疑似階級闘争が進行中の国家であると見なしている。日中対立は、一体化した中国と分裂した日本の対立という構造になっている。この点が中国の対日世論戦（心理戦）が有効に機能するポイントである。

表面的には階級闘争のない民族主義国家である中国が、階級闘争があり民族主義が弱い日本に世論戦を仕掛ける形になっている。しかし、日中両国の基本構造を見れば、日本は中流意識を持つ国民が多く階級矛盾の少ない国であり、自然災害その他で社会が不安定になっても、低所得者層による暴動が発生せず、切っ掛けがあれば一致団結する民族主義を内に秘めた国家である。

一方、中国では金持ちの共産党員と貧しい労働者の格差が拡大して、階級闘争の圧力が高くなっており、漢民族と少数民族間の矛盾も拡大して、「中華民族の偉大な復興」を支える大漢民族主義は不安定である。中国国内では、話し合いで解決できる「人民内部の矛盾」よりも、力で解決せざるを得ない「敵対的な矛盾」が拡大している。「階級闘争のない中国」対「階級闘争のある日本」という表面的な日中間の前提が、突然逆転する可能性も視野に入れておかなければならない。

第5章

独裁は民主主義を超えるか

■クーデターが起こるメカニズム

2021年2月1日、ミャンマーでクーデターが発生した。民主主義国家は挙(こぞ)ってミャンマー軍を非難している。しかし、第二次世界大戦後の世界を見ると、中東、中南米、アジア、アフリカで300件以上のクーデターが発生した。

国民が支持する場合

発展途上国ではクーデターを国民が支持する場合がある。どの国でもその国で最も尊敬される人物が指導者になれば国民は満足する。新興独立国で最も尊敬されるのは独立の英雄である。独立戦争で独立を勝ち取った国では軍人、例えばビルマ独立の英雄アウンサン将軍のような人物が国家指導者になった。国民の間に軍人指導者に対する抵抗感はない。

また、発展途上国では、外国軍と比較される軍は近代化の速度が速く、最大のエリート集団を形成していた。かつてブラジルで技術者を訓練したのは士官学校であった。ガーナのンクルマ大統領は「軍は近代化の推進力であり、多くの青年に規律ある環境の中で近代的なルールを学ばせることができる」と語っていた。

軍の自己イメージは、「国内で最上の教育を受けた組織で、政治的、経済的、社会的変革を遂行するために、迅速で決定的な行動を確実に実行できる唯一の勢力」というものであり、「社会が必要とする変革を実行する能力を持つ勢力が他にいなかった故に、自分たちが権力を掌握することが必要である」（ナセル・エジプト大統領）というものであった。

他方、発展途上国では、社会に賄賂が蔓延し政治家も腐敗することが多かった。無能で腐敗した文民政府の下で政治危機が長期化し、同時に組織された市民の政治勢力が存在しない国では、国民は腐敗堕落した文民政治家を嫌悪し、「暴利をむさぼる権力者」を排除する役割を軍に期待した。金儲けとは縁がなく自分を犠牲にして国を守る軍はピューリタン的禁欲主義を持ち、清く正しく生きる愛国者であるというイメージがあった。故に私利私欲のない軍だけが腐敗を排除できる唯一の勢力であると期待され、「腐敗をなくす」「民族を救う」「法と秩序を回復する」という名目で政治に介入した（反応的軍国主義）。また、アルジェリア軍は「武装した人民」として政府が人民の敵になれば当然の行動として政府を打倒した。

国民が支持しない場合

しかし、軍人は命令で相手を強制することに慣れていても、相手を説得して同意を得ることは文民政治家より劣っている。下位の者の盲目的服従に慣れている軍人が民主主義的に行動することは難しい。また、「大義に生きる」職業についているという軍人の意識が国民に対する優越感に転化する傾向もあった。

民主化で外国投資が拡大し、経済が発展してさまざまなレベルで国内組織の近代化が進んだミャンマーでは、軍は国内で最も近代化した組織ではない。軍人が最高のエリートではない国では、クーデターは成功しない。また、多くの営利企業を運営するミャンマー軍は金儲けの組織であり、国民にとって社会の腐敗を除去する禁欲主義的で私利私欲のない存在ではない。ミャンマーのクーデターは国民が支持する条件を欠いており正当性はない。

文民統制を守る方法

軍は国内で最大最強の組織であり、軍の行動を実力で阻止できる機関は国内にはない。

それではどのようにして政府は軍を統制するのか。二つの方法がある。一つは主観的文民統制である。主観的文民統制は、政府と軍が同じ思想信条を持っている場合に可能になる。共産主義国家では、政治家も軍人も共産党員であり、政治家の共産党員としての序列が軍人よりも上ならば政治家は軍人を統制できる。共産主義国家でなくても一党独裁体制の国家では主観的文民統制は機能する。かつて文民統制が安定していたギニアでは、軍は自らを「党の下僕」とみなし、将校が任官する際は「私はアフリカ解放のシンボルである偉大なギニア民主党に対して忠誠であることを誓います」と宣誓していた。

主観的文民統制は強力な文民統制であるが、政権と軍が一体化しており、円滑な政権交代ができない。したがって、政権交代が前提になっている民主主義国家では、もう一つの文民統制である客観的文民統制にならざるを得ない。客観的文民統制は、文民統制を法律が保証する体制である。紙に書いた法律だけを頼りに、武力を持たない政治家が、強力な武器を持つ軍人を統制するシステムである。この頼りないシステムが機能するためには、軍人を含む全ての国民が、法律は絶対に守られるべきだと信じていることが不可欠である。軍隊を構成する個人は、世論の変化から完全に孤立したり隔離されたりすることはない。

したがって、円滑な政権交代が可能になる客観的文民統制は、十分な教育と情報を持つ国民が存在する国家においてのみ可能になる。クーデターを防ぐ鍵は、国民の教育レベルと腐敗汚職のない公正な政治である。

戦争は文民統制では止められない

政治主導は常に良い結果をもたらすのか。政軍関係を通じて考えてみる。一般的に軍は軍事力を用いて問題を解決する傾向があり、軍に対し「政治統制」つまり政治主導を確立することが戦争への道を防ぐ効果的な方法であるといわれている。

日本でも軍人は政治家より好戦的であり、国民は政治家より平和的であると信じられている。したがって、民主主義により政治家が平和を望む国民の声を聴き、文民統制によって政治家が好戦的な軍人を抑えれば、戦争を止めることができることになる。果たしてこれは真実か。中印戦争を例にこの命題を検討する。

強かった政治家と弱かった軍人

インドはアジアでは数少ない軍事政権の経験がない民主主義国家である。インドは他の多くの植民地と異なり、独立戦争ではなく文民政治家が植民地本国と交渉して独立を勝ち取った。したがって、独立の英雄は戦争の指導者ではなく、交渉した文民政治家であった。独立運動を率いたガンジーやネルーといった政治家が英雄として人気が高く、独立の英雄である文民政治家の正統性は高かった。

他方、インド軍はもともと英国植民地当局が独立運動を弾圧するために創設した組織であり、多くのインド人から英国に奉仕する裏切り者と見なされ正統性は低かった。軍人が政治に介入する余地はなく文民統制は強力に作用した。

軍人と政府の関係は四つのレベルに分けられる。すなわち、第一レベルは軍事専門家として政府に適切な軍事的助言を行う、第二は軍の意見を採用するように政府に圧力をかける、第三は軍の意見を採用しない政府を倒して別の政府に置き換える、第四は文民政権を打倒して軍事政権を樹立する。民主主義国家では、軍人が第二、第三、第四レベルの行動をとることは許されないが、第一レベルの専門的な軍事情報を政府に助言することは軍人の義務である。

平和国家インド

1962年の中印戦争前のインドでは、多くの国民は自国が攻撃される可能性はほとんどないと考えていた。ガンジーによる非暴力不服従運動は世界中に知られており、インドが持つ平和主義のイメージによっていかなる国もインドを攻撃することを躊躇うだろう。インドのような平和愛好国を攻撃して世界から非難されるようなことをする国があるとは思えない、中国は国連代表権その他でインドの世話になっているのだから、インドを攻撃するはずがない、という考えがネルー首相の頭を支配していた。

その一方で、中華人民共和国が成立したとき、ネルー首相は、「歴史的に見て、強大な中国が成立したときは常に拡張主義的であり、中国の工業と人口の急激な拡大は爆発的な情勢を生み出す」とも語っていた。ネルー首相の対中戦略の基本は、中国との友好関係を強化することによって、中国の拡張主義を阻止するというものであった。

この政策は、中国の攻撃性を抑止することができる積極的なものでなければならず、単なる譲歩や安易な妥協は、中国の拡張主義を助長するだけであるとされた。ネルー首相は「友好関係は強者と弱者の間には存在しない。人でも国家でも友人であるためには平等と尊敬が必要である」と述べている。

ネルー首相に戦争を迫った世論

１９５０年代、中印国境線に関して中印両国の見解は一致せず、国境侵犯問題で双方が抗議を繰り返していた。59年3月、チベットで中国共産党の支配に抵抗する反乱が発生し、中国軍の鎮圧作戦を逃れたチベット仏教の最高指導者ダライ・ラマ14世がインドに亡命した。こうした状況下で、双方の対立は抗議の応酬から軍事行動へエスカレートし、国境線をパトロールするインド軍に戦死者が出るに及んで、インド世論の中国への敵意は急速に高まっていった。

インドの新聞は「中国の目的は強大な軍事力を誇示することによって、インドの進出を阻止し、インドの名誉を傷つけ、アジアの人々のインドに対する信頼感を打ち砕くことにある」と主張した。

このような状況の中で、ネルー首相は事態の沈静化を図り下院で演説し、「誰も住まない高山にあるわずか2マイルの土地が、国家の名誉と尊厳の問題になっている。両国にとって逃げ道がなくなるまでこの問題を追い詰めてはならない」と主張した。しかし、このようなネルー首相に対してインドの世論は反発した。インドの新聞は「中国の脅迫に屈服してはならない」と主張し、ネルー首相の軟弱外交を非難した。

インドは民主主義国家であり、選挙と野党が存在する。政府が世論に反して行動すれば、選挙に負けて政権を失うことになる。ネルー首相はインドの政治を支配していたが、政権を維持するためには国民感情を無視することはできなかった。強硬路線を主張する世論に押されてネルー首相の発言は変化し、「国家には我慢のできないことがある。インドは不名誉な行動よりも玉砕の道を選ぶだろう」と議会で演説するようになった。

軍事行動を支持する世論が高まる中で、当初は攻撃的姿勢を戒めていたネルー首相も態度を変えて、インド軍幹部に「インドは中国の侵入を長く黙認し過ぎた。今こそ、強い態度で全力を挙げて中国人を追い出さなければならない。さもないと政府は完全に国民の信頼を失ってしまうであろう」と発言するようになった。こうして、ネルー首相は中国との対立を激化させていく。

軍の反対を押し切り甚大な被害が

しかし、政府の対中強硬政策に対するインド軍の態度は消極的であった。中国軍と直接対峙していた前線のインド軍司令官は、十分な準備もなく戦争を始めようとする政治的決定に反対する意見を上申した。インド軍西部地区司令官は「軍事的に見て中国軍よりも不利な状況にある」と政府に報告したが、政府の命令の遂行を怠る司令官は解任され、軍法会議に付されることになった。

結局、文民統制は守られ軍人の警告は却下された。伝統的に軍人不信であったインドの政治家は、軍人の意見を無視する傾向があり、非合理的な軍事政策をとったのである。

ネルー首相は「インドの平和主義は道徳的な機甲部隊となってインド軍を守るだろう」と語っている。民主主義国で軍が政権を倒したり、政治に圧力をかけたりすることはあってはならないが、軍事専門家として政治に適切な助言を行うことは「政治統制」の重要な要素の一つである。インドの政治家は十分な軍事知識を持たず、軍事的要素を無視した決定を下したのである。

１９６２年10月20日、中印両軍の間で大規模な戦闘が始まり、11月20日に戦闘は終了した。インド軍の損害は、戦闘に参加した２個旅団の戦死、捕虜、行方不明者の合計が７０４７人（兵員の約70％）、第７旅団長が中国軍の捕虜になり、第62旅団長が戦死した。東北辺境特別区のインド軍は壊滅した。

「民主主義」と「文民統制」は「軍国主義」を阻む最も効果的な体制であるといわれている。しかし、好戦的な国民が存在する国では、政治家が冒険的な対外政策を主張することによって国民の人気を得ようとする傾向がある。政治主導が良い結果をもたらすためには、冷静で合理的な国民の存在が不可欠である。

民主主義と文民統制が機能しているインドでは、政治家は国民世論に動かされ、軍人は政治家の命令に従った。ベトナム戦争においても、米国の文民政治家は軍人以上に熱心に戦争に関与し、戦争遂行上重要な役割を果たした。

また、国民が国家の主人になったフランス革命において、革命に高揚した国民が熱唱した革命歌（仏国歌ラ・マルセイエーズ）の歌詞は、「市民よ武器を取れ、隊列を組み前進せよ、敵の汚れた血がわれらの畑を満たすまで」というものであった。

フォークランド戦争を始めた英国のサッチャー首相、イラク戦争を始めた米国のブッシュ大統領の支持率は戦争によって急上昇した。国民が常に平和的であるというのは歴史的に誤りである。民主主義と文民統制が機能していても、国民が戦争を望めば民主主義国家は戦争に突入する。

■中国は見習うべき理想の国家か

新型コロナウイルスとの戦いで、中国共産党は「欧米諸国は政府が過度に民衆の利益に配慮し、強い指導的役割を果たすことができなかった」（『環球時報』）、「共産党の指導と中国の特色ある社会主義制度の優位性は明らかだ」（習近平国家主席）と主張した。今回のウイルス対応で、人口１０００万人の武漢、６０００万人の湖北省を封鎖した共産党の対応策は成果を上げたように見える。中国共産党の独裁政権は他国が見習うべきモデルなのか。

中国の経済力は新中国成立以来70年間で約１７０倍に拡大した。国内総生産（ＧＤＰ）は米国の３分の２に近づき世界第2位である。ただし、19世紀前半に中国のＧＤＰは世界の３分の１を占めていた。もともと中国は資源が豊富な大国であり、政府が政策を誤らなければ世界一の経済大国になる潜在力を持った国である。

民主化する独裁政権

全ての国が経済発展を望んでいるが、独裁政権は経済発展が政治の民主化をもたらし、反政府運動を抑えきれなくなって独裁政権が倒れるかもしれないという懸念を持っている。しかし中国の経済発展は、独裁政権と経済発展が両立することを証明したと見なされ、経済発展を望む独裁政権にとって見習うべき成功モデルになっている。

国際政治には「独裁国家でも経済が発展すれば、中産階級が拡大し、政治の民主化も進む」（リプセット仮説）という理論がある。中国では経済発展によって個人の収入が100倍以上になり、リプセット仮説が正しければ、すでに民主化が進行しているはずである。しかし現実の中国は民主化していない。

独裁国家の国民は独裁者、中産階級、大衆に分けられる。独裁者は中産階級と大衆を支配する暴力装置（軍隊と警察）を独占している。経済発展で豊かになるのは独裁者と中産階級である。独裁者は暴力装置と富を持ち、中産階級は暴力装置は持たないが富を持つ。大衆には暴力装置も富もない。

豊かになった中産階級は、独裁者が恣意（しい）的に富を奪うことを恐れ、独裁者が暴力装置を使う権力を制限しようとする。法律によって政府の権力を制限する民主主義は、中産階級にとって自らの富を守ることを可能にする魅力的な政治制度になる。中産階級がその経済力によって独裁者を動かすことができれば、国家の民主化は進展する。

民主化しない中国共産党

それでは現在の中国はどうなっているのか。①国有企業の経済力は民間企業を圧倒している、②有力な企業家は共産党に入党している、③経済構造を見ると国内植民地体制（Internal Colonialism）といわれるほど、国内で支配者と被支配者がハッキリと分かれている。国家資本主義的経済発展は中国共産党の統治構造にどのような変化をもたらしたか。

経済発展以前は中国の中産階級は独裁者に支配されていたが、経済改革すなわち大衆の低賃金労働力を活用して豊かになった後は、支配される側から搾取する側に変わった。したがって、支配者になった中産階級と被支配者である大衆との対立は大きい。中産階級が独裁者に搾取される存在ではなく、大衆を搾取することによって富を得ているのであれば、民主主義よりも独裁の方がより多くの富を獲得することができる。北朝鮮は外国資本を誘致する広報活動で、ストライキや労働争議がないことを宣伝していた。

民主化の原動力になるべき中産階級は、現在の中国では独裁権力の一部になって自分たちの富を守ろうとしている。搾取できる体制を守るためには独裁者の暴力装置によるバックアップが不可欠になる。そのためには独裁者に近づかなければならない。したがって、現在の中国では豊かになった中産階級は、共産党に入党して独裁権力に協力しているのである。

民主化が進むためには富と権力が分離していなければならないが、現在の中国では既得権益層の中産階級と一体化した共産党は富と権力の象徴である。

非常事態に対応する民主主義

中国共産党は成功した独裁政権といえるだろう。ただし、国民の人権を無視する独裁政権には重大な欠陥がある。言論の自由がない独裁国家では、発言が反体制的と見なされた場合の不利益を考えて国民は本音の発言をしなくなる。したがって、独裁政権は国内で今何が起こっているのか、国民が本当は何を考えているかわからなくなる。2億台の監視カメラも国民の心は見えない。国民の本音がわからない政権は、国内政策を間違える可能性が高く、国民の不満が高まり、政権は弱体化する。

確かに今回のウイルス対応で、人口1000万人の武漢、6000万人の湖北省を封鎖した対応策は一定の成果を上げた。「小を殺して大を生かす」ことが必要な非常事態には、小も大も殺すことに慣れた独裁国家は力を発揮する。他方、政策決定に時間がかかる民主主義国家は「拙速を貴ぶ」非常事態が苦手である。

民主主義国家が非常事態に陥った際、一時的に独裁国家に変身して対応し、非常事態が終われば民主主義国家に戻るプロセスが保証されていれば、国民の同意によって成立している民主主義政権はあらゆる点で独裁政権に優(まさ)る強靭(きょうじん)な政権である。

■日本と中国の真の脅威とは

今、世界が直面する脅威として、ウイルス以外に国連は六つの脅威を指摘している。国家間戦争、内戦、テロリズム、大量破壊兵器の拡散、環境汚染、国際犯罪である。

日本が直面する脅威の現状

日本に対する脅威を見ると、東シナ海では中国が武装力を動員し日本の島を奪おうとしており、日本には中国との国境紛争という戦争の脅威が存在する。戦争は規模が小さいほど、コストが小さくなり発生する確率が高くなる。内戦に関しては日本で分離独立を主張する勢力はごく少数であり、訓練された戦闘員による反体制運動も存在せず、日本に内戦の脅威はない。

また、現在の日本には死傷者が発生するような民族紛争や宗教対立はなく、「極左暴力集団」も高齢化して力を失い、テロの脅威は低下した。大量破壊兵器の拡散では、北朝鮮が核兵器を開発して日本を脅迫しているが、北朝鮮の目標は政権の生き残りであり、核戦争を始めて自滅する可能性は低い。

環境問題に関して、日本では経済成長より健康な環境を優先する思想が定着し、津波による放射能汚染の問題を除いて環境汚染は改善している。また、犯罪組織の状況は、不法薬物や人身売買は日本でも存在するが、世界と比較すると低レベルである。２０００年には９万人いた暴力団員も現在は３万人以下になった。

国内で脅威が潜行する中国

中国が戦争する可能性を見ると、インド、東南アジア諸国、日本と国境線をめぐる小戦争の可能性があり、台湾と政権の正統性を争う大戦争の可能性がある。また、台湾や日本との軍事衝突が米国を巻き込む大戦争になる可能性もある。大戦争に負ければ共産党政権の正統性は崩壊する。米国との戦争で中国が軍事的に優位に立つ可能性はなく、大戦争は中国共産党にとって大きな脅威である。

内戦の可能性もある。中国は漢民族が異民族を支配する帝国であり、国内植民地の少数民族が独立を求める民族自決（一民族一国家）運動がなくなることはない。ウイグル族やチベット族の独立運動は、現在のところ軍隊による対応が必要になる内戦レベル以下に抑えられているが、警察が対応するテロレベルでは根強く続いている。他方、テロの土壌は拡散している。将来は金持ちになれるという国民の夢を支えてきた経済成長も減速し、共産主義では有り得ない貧富の差も拡大し、拝金主義共産党に抗議するデモや暴動が増加し共産党支配の足元が揺れている。

大量破壊兵器の状況を見ると、中国は世界第３位の軍事大国であるが、第１位の米国と第２位のロシアの核戦力の強化は中国にとって深刻な脅威である。第４位のインドの核戦力は中国と大差があり、核開発を進める北朝鮮は同盟国であり脅威ではない。

中国の大気、水質、土壌の汚染は深刻である。国土の２割が砂漠化し、河川の６割、耕地の2割が汚染された。微小粒子状物質が国民の健康を害し、地方における死亡率第1位が呼吸器系疾患になった。2015年に「中国環境法」が制定されたが、経済発展を優先する地方の状況は改善していない。

中国では犯罪組織（黒社会）が賭博、不法薬物、人身売買などの違法ビジネスから経済や政治分野へ浸透し、違法から合法に移行し、合法で違法を隠蔽するようになった。地方では警察と黒社会の幹部が同一人物である例も見られ、警察が黒社会の「庇護の傘」になり、黒社会の幹部が人民代表大会代表や人民政治協商会議代表になった地方もあるという。貧しい農民と都市の失業者が黒社会の予備軍であり、経済状況が悪化すれば黒社会は拡大する。「我国の悪辣勢力による犯罪はまさに活性化段階にある」（北京市人民検察院）。

変化する日中対立の構図

日中戦争で日本軍に主要都市を占領された毛沢東は、どのようにすれば「大きくて弱い中国」が「小さくて強い日本」に勝てるか考えた。毛沢東戦略の核心は戦争の長期化であった。戦争が長引けば「小さくて強い」日本の人的物的資源は枯渇し日本は敗退すると予想した。戦争は毛沢東の予想とは異なり、中国戦線では1945年になっても日本軍は優勢であったが、日本軍は米軍との戦争に敗れて中国から撤退した。

日本と中国の面積や資源を比較すると、中国は大国であり日本は小国である。しかし、政治体制を比較すると、国民の支持がない中国共産党政権は脆弱であり、選挙で勝利し国民の支持が証明されている日本政府は強靭である。

現在の日中対立は「大きくて弱い」中国政府と「小さくて強い」日本政府の角逐になっている。形状記憶合金が曲げてもしばらくすると元の形に戻るように、現在の中国は、日本軍に占領され、共産党に打倒された、拝金主義が蔓延し腐敗堕落した中華民国に戻りつつあるように見える。日中戦争時代とは異なり対立が長期化すれば、内外の脅威が深刻化する中国共産党政権は弱体化するだろう。

■習近平政権が軍を御しきれぬ理由

「近年、中国軍は近隣諸国を威嚇する行動をとっているが、この行動は共産党から独立しているように見える」（『ニューヨーク・タイムズ』2012年2月10日）との懸念は当たっているのであろうか。2013年1月、東シナ海公海上で中国海軍フリゲート艦が海上自衛隊護衛艦に射撃管制用レーダーを照射した事件は、中国艦艦長が「軍は断固として主権を守らねばならない」（習近平国家主席）といった指導部宣言を、自分なりに解釈し実行したものだという見方が中国国内では多い。また、レーダー照射事案について、ある中国軍関係者は、照射したのは日本の艦船に対してだけだと発言している。理由は、米国やロシアはもちろん、ベトナムや韓国の艦船に対しても、同様の行動に出れば反撃されかねないからだと述べている。日本は軍事的に無能な国家だとの認識が中国では広まっている。

レーダー照射が示す軍高政低

当初、照射の事実を知らないと答えた中国外交部報道官の発言は何を意味するのか。中国軍と外交部の関係について検討する。

国家には、民族の集合体としての「国民国家」と政府に代表される統治機関としての「国家機関」がある。国民国家において、国家は統治機関としての政府を超えた至高の存在である。しかし、共産主義国家では国家は統治機関を意味し、統治機関としての国家、つまり政府は共産党の決定を実行する機関に過ぎない。共産主義国家では党は国家より上位にある。

党と軍が一体となって革命戦争に勝利した中国では、軍は党と不可分の組織であり、党の下にある政府より上に位置する。軍の決定を下位組織の政府が、ましてその一部局に過ぎない外交部が知らされていなかったとしても不思議ではない。軍の行動を外交部が知らなくとも、それは政府が機能していないのではなく、中国の統治機構ではあり得ることである。

軍と党の関係はどうか。1954年憲法では、中華人民共和国主席が全軍を統率すると謳われていた。75年憲法と78年憲法では、中国共産党中央委員会主席が全軍を統率すると規定された。82年に制定された憲法では、中華人民共和国中央軍事委員会が全軍を統率すると定められている。

毛沢東や鄧小平といった共産党指導者は革命戦争を指導した経験があり、政治家と同時に革命軍司令官としての経歴を持っていた。そのため、共産党最高指導者の毛沢東や鄧小平が軍を指揮する体制に軍も同意した。しかし、江沢民氏以来、党の最高指導者には軍人としての経験がない。軍事問題を処理する際に、軍事の素人が軍人を指導することは難しい。

中央軍事委の文官は習近平1人

民主主義国家では、軍人を含む全国民が文民統制を支持し、全国民が文民統制を規定した制度に従うことにより、軍に対する政治の優位が保証されている。これに対し、中国の憲法では「党が軍を領導する」とされているが、実際には党と軍が一体化している。

中国で現在、中国軍を指揮しているのは主席ではなく中央軍事委員会である。中央軍事委で軍事問題を議論する際、軍事専門家の意見に軍事の素人が異論をはさむのは困難であろう。中央軍事委は、文官の習主席と10人の軍人で構成されており、軍人の影響力は絶大である。対照的に、党政治局の会議で軍事問題が議論されることはほとんどないとされている。

一般的に、政府は同意と強制によって国民と結ばれている。民主主義国家では政府は選挙という国民の同意に基づいて政権を維持しており、国民を強制する必要は少ない。民主主義国家の政府は文民統制を支持する国民の同意を背景に軍を抑えることができる。

しかし、独裁国家では政府は国民の同意ではなく、国民を強制することによって政権を維持している。したがって、独裁国家の政府は国民を強制する手段である軍隊や警察に頼らざるを得ない。

対日圧力をはね返す民間の役割

国民の同意のない独裁政権は、軍の支持がなくなれば崩壊する。中国共産党政権を支える最大の柱は強制力としての軍である。中国共産党が最近、「党の軍に対する絶対領導」キャンペーンを強化していることは、軍の党離れに対する党側の不安を示している。

中国の脅威は、中国が軍事独裁国家であることと密接に関連している。ただし、「中国軍の近代化と増強は、超大国としての地位に不可欠であると考えられており、たとえ民主的政権になったとしても、中国軍の近代化と増強は継続される」（２００８年の米国家情報長官報告）点も忘れてはならない。また、「抗日戦争」が中国共産党体制を支える「愛国主義」の原点である限り、日中間の緊張は続く。

軍事、外交、世論の三方向からの対日圧力は、習政権下で強まりこそすれ弱まりはしない。したがって、日本が軍事、外交面で抵抗力を強めることは当然である。その場合には、中国の圧力は民主主義の弱点である分裂した世論に集中することになろう。軍事、外交は政府の責任だが、世論工作に抵抗するには、民間の役割も大きい。

■尖閣防衛は強者への正義の戦い

国際関係において敵とは国益を害する国であり、味方とは国益に資する国、または敵の敵である。国家は、国民、領土、主権から成り立っており、これらの3要素を害する国が敵である。

抵抗で生まれる対日友好

現代のアジアで、モンゴルやベトナムやインドは日本に友好的な態度を取ることが多い。日本人が特別に好かれているわけではない。ただ、これらの国は中国に侵略された歴史を忘れていない。中国は敵であり、敵の敵は味方なのである。日本がこれらの国で厚遇されるのは、日本が中国に対抗できる国であると見られているからである。したがって、日中関係が親密になれば、これらの国の日本への信頼感は低下するだろう。

20世紀初期のトルコやポーランドでは日本の人気は高かった。当時、両国の敵はロシアであり、日本は日露戦争の勝者だったからである。ただし、「永遠の友も永遠の敵も存在せず、永遠の国益が存在するだけだ」（パーマストン英首相）ということも国際関係の原則である。

それでは日本の国益を侵害している国はどの国であろうか。

脅威は能力と意志の掛け算である。日本の国民、領土、主権を侵害する最大の軍事的能力を持っているのは米国であろう。次いで、ロシア、中国、北朝鮮が挙げられる。これらの国は数千発から数十発の核兵器を保有し、日本を攻撃できる射程を持つ数百発から数十発の弾道ミサイルも保有している。韓国も西日本を攻撃できる弾道ミサイルを保有している。

次に、日本の国益を侵害する意志を見ると、米国は日本の同盟国であり、日本を攻撃する意志はゼロであろう。したがって、能力と意志を掛けると米国の脅威はゼロである。ロシアは日本の領土を奪い、武力で不法状態を維持しようとしている。ただし、ロシアの意志は現状維持である。ロシアの意志と能力を掛けると消極的な脅威は存在する。

能力×意志＝最大の脅威中国

中国は日本が実効統治している尖閣諸島を武力で奪い、現状を変更しようとしている。

日本の領土を積極的に侵害しようとしているのである。中国の能力と積極的意志を掛けると積極的脅威が存在する。北朝鮮は日本人を拉致し、かけ替えのない国益である国民の生命を侵害している。ただし、北朝鮮の意志は現状維持である。北朝鮮の能力と意志を掛ければ消極的脅威は存在する。韓国は日本の領土である竹島を不法占拠し、武力を使って現状を維持しようとしている。韓国も能力と意志の掛け算は消極的脅威である。

以上、能力と意志を掛け算すると中国の脅威が最大になる。

他方、米露韓の3カ国は民主主義国である。一般的に民主主義国は戦争をやりにくい構造になっている。戦争は奇襲で始まる場合が多い。しかし、民主主義国は政策決定過程の透明性が高く、敵を奇襲することが難しい。また、民主主義国は暴力による威嚇ではなく、国民を説得することによって、政権を維持している。対外関係でも同様の行動を取る傾向があり、話し合いを優先し、戦争を選択する可能性は低いといわれている。しかし、中国と北朝鮮は独裁国家であり、戦争に対する民主主義のブレーキが効かない国家である。

文民統制も戦争に走る軍を政治が抑えるシステムである。米露韓の3カ国では文民統制が機能している。それに対して、北朝鮮は軍が最優先される「先軍政治」の国であり、中国も「鉄砲から生まれた」共産党と軍が一体化した兵営国家であり、文民統制は存在しない。以上の条件を勘案すると、現在の日本にとって最大の脅威は中国による領土の侵略である。

国連憲章に則った日本の行動

中国の侵略に日本はどのように対応すべきか。尖閣諸島を日本から奪おうとする中国の行為は、日本の死活的に重要な国益を侵害するだけではなく、国連憲章を否定する行為でもある。国連憲章第1章は「すべての加盟国は武力による威嚇または武力の行使を慎まなければならない」と謳う。

したがって、武力による威嚇と武力行使で日本から尖閣諸島を奪おうとする中国に抵抗する日本の行動は、国連憲章に則った正義の行動である。尖閣諸島をめぐる日中の動きは、両国の国益の衝突という次元に止(とど)まらない。国際社会の正義の問題なのである。

現在、日本では、中国による世論戦、心理戦や経済的圧力の効果もあって、中国に妥協すべきだとの意見も強まっている。しかし、その中国の指導者、毛沢東が「敵と妥協し、領土や主権を少し犠牲にすれば、敵の攻撃を止めることができるとする考えは幻想に過ぎない」(「持久戦論」)と述べていることを肝に銘ずべきだろう。

尖閣諸島を守る日本の行動は、力で要求を押し通そうとする強者に対する正義の戦いという面がある。日本が屈服すれば、強者に抵抗する日本に期待していたアジアの弱者は失望し、日本のアジアに対する影響力(ソフトパワー)は消滅する。日本が強者に対する抵抗を放棄すれば、アジアで弱者が安心して平和に暮らす環境もなくなるであろう。

■戦争に勝つという政府の役割

第1章でも述べたが、戦争に勝つとは、損害が国民の許容限度を超える前に戦争目的を達成することであり、戦争に負けるとは、戦争目的を達成する前に損害が国民の許容限度を超えることである。基本的にはその国の文化が損害の許容限度を決定するが、戦争目的に関わる国益が損害の許容限度に大きな影響を与える。

なぜ米国はベトナム戦争で負けたのか

第二次世界大戦において、米国は40万人以上の戦死者を出しながら戦争を止めずに戦い戦争に勝利した。他方、ベトナム戦争で、米国は５万人の戦死者が出ると戦争を止めて撤退し、戦争目的の達成を放棄して戦争に負けた。この二つの戦争で損害の許容度が大きく異なるのは、二つの戦争に関わる米国の国益が違うからである。

第二次世界大戦は、米国が負ければ米国本土が敵に占領される可能性がある総力戦であり、米国本土の安全という死活的に重要な国益が関わる戦争であった。米国民は死活的に重要な国益を守るためには大きな損害に耐える。他方、ベトナム戦争は、共産主義が世界に広がることを阻止するという米国の国際的影響力（戦略的国益）を守る戦争であり、米国本土の安全が脅かされる心配のない戦争であった。ベトナム戦争当時、米軍の将校はベトナムに派遣されることを「ベトナムツアー」と呼んでいた。戦略的国益を守る戦いの損害の許容限度は、死活的に重要な国益を守る戦いの損害の許容限度よりも低い。

大国米国に勝つ小国北ベトナムの戦略

戦争は軍隊の戦闘能力と国民の戦う意志によって支えられている。国民の戦う意志が崩壊すれば戦争に負ける。米国より戦闘能力が劣る北ベトナムの戦略は、米国民の戦う意志を挫くことであった。北ベトナムは、米国から１万㎞離れたアジアの小国で戦う戦争が、米国本土の安全とは無関係であることを喧伝して米国民が耐えられる損害の許容限度を下げ、同時に大兵力が展開できない「兵を呑む」ジャングルで米軍が不得手とするゲリラ戦を戦うことによって、米軍の損害が許容限度を超えるように戦った。その結果、米軍の損害が5万人を超えた段階で米国民の戦う意志は崩壊し、米国は戦争に負けた。他方、北ベトナムは戦争目的が民族の統一と独立という死活的に重要な国益であると主張して国民の損害の許容限度を高め、３００万人以上の損害に耐えた。

戦争に勝つために政府がやるべきことは、戦争目的が自国にとって死活的に重要な国益であることを国民に説明して損害の許容限度を高め、同時に敵国にとって戦争は周辺的な国益に過ぎないことを敵国民に宣伝して、敵国の損害の許容限度を下げることである。

第6章 日本の進むべき道

■日米安保同盟の鍵は犠牲の共有

日本と中国は永遠の隣国である。二国間の関係は距離が近いほど、経済が大きいほど接触が多くなり摩擦が大きくなる（重力の法則）。中国史の常識は「遠きに交はり、近きを攻む」（『兵法三十六計』）である。

日本に対する脅威

現在の世界で隣国を超えて大規模な軍事作戦を展開できるのは米国だけである。他方、ほとんどの国は隣国を攻めることはできる。したがって日本を攻撃できる軍事能力のある国は、米国と隣国ということになる。

世界の軍事力ランキング（"Global Firepower", 2021）を見ると、関係国で日本（5位）よりもランキング上位の国は米国（1位）、ロシア（2位）、中国（3位）である。米国は日本の同盟国で脅威ではない。日本の脅威になる国はロシアと中国、そして日本を核攻撃できるミサイルと核兵器を保有する北朝鮮（28位）ということになる。

また、第5章で述べたように、脅威は軍事能力と侵略意志の掛け算である。侵略意志とは相手の同意なしに現状を力で変更しようとする意志である。ロシアのプーチン大統領は力で東欧の現状を変更して、失った旧ソ連の勢力圏を復活しようとしており、欧州にとって脅威である。他方、極東ロシアの国境線は旧ソ連時代と同じであり、ロシアが失ったものはない。現在、ロシアは中国の圧力に懸命に抵抗している。ロシアのアジア戦略は現状を守ることである。中国は軍事力を使って東南アジア諸国の抵抗を排除し、南シナ海の現状を変更した（修正主義）現状変更勢力である。

北朝鮮は朝鮮半島の現状を変更し、南北統一すると宣言しているが、北朝鮮が主張した「高麗民主連邦共和国」は「一民族一国家二制度二政府」すなわち、実質的に南北政府が共存する「一国二制度」であり、実際は金王朝を守るために現状維持が目標である。したがって、能力と意志を掛けると中国の脅威が最大であり、日本の国家戦略は中国の脅威に備えることが最優先政策になる。

平和を守る日米同盟

国際関係には、二国間の力関係が逆転するときに戦争の可能性が高まるという理論がある（パワーシフト理論）。過去の多くの戦争は、追い付こうとする弱者に危機感を抱いた強者が追い越される前に弱者を叩く「予防戦争」か、追い越して強者になった弱者が追い越されて弱者になった強者を叩く「機会主義的戦争」であった。

21世紀に入ると、中国はGDPで日本を追い越し軍事費も日本を上回った。現在、中国の軍艦や軍用機は日本の2倍以上ある。他方、21世紀に日米間や米中間でパワーシフトは見られず、パワーシフトが起こったのは日中間である。

したがって戦争が発生する可能性が高いのは、パワーシフトが起こった日中間ということになる。ただし日米は同盟国であり、日米同盟と中国の間にパワーシフトはない。すなわち、日米同盟と中国の間で戦争が発生する可能性は低いということになる。日米同盟が機能している限り、日中間に戦争が起こる可能性は低い。

信頼と共感の日米同盟

同盟が機能するためには価値観を共有し、共通の敵が存在し、共に戦う覚悟がなければならない。

日本と米国は自由と民主主義という共通の価値観を持っている（敗戦国日本では戦勝国

米国の価値観が徹底的に教育された)。また、現状を力で変更しようとする中国の台頭を脅威だと認識する人が日米で増えている。日米には共通の敵が存在する。

しかし日米同盟を「血で結ばれた同盟」だと思っている人は、日本にも米国にも中国にもいないだろう。日米安保条約では「日本の施政下」にある領域で、日米に対する武力攻撃が発生した場合に、米国が「憲法の手続き」に従って対応することになっている。米国の施政下にある領域が攻撃された場合の日本の行動は日米安保条約にはない。

米韓相互防衛条約では、「各締約国の行政的管理下」にある領域が攻撃された場合に、両国が適切な措置をとることになる。北大西洋条約機構(NATO)では、締約国の領域、軍隊、船舶、航空機が攻撃された場合、各締約国は集団的自衛権を行使して直ちに兵力の使用を含む行動をとる。

2001年9月に米国がテロリストに攻撃された状況に対応し、NATOが集団的自衛権に基づいて戦ったアフガン戦争では、2020年1月までに英国455人、カナダ158人、フランス87人、ドイツ54人、イタリア48人が戦死した。犠牲を覚悟しなければ、同盟は機能しない。

日米安保条約は感情的に見れば、日本の土地を米国の兵士が血を流して守り、日本の兵土は米国の土地を守らない条約である。米軍が日本の土地を守る代わり、日本の土地（在日米軍基地）を米軍が使用できる（血と土地の交換）という説明は、国際関係の専門家は理解できても、普通の米国の大衆は納得しないだろう。中国も日米同盟の信頼性を疑うかもしれない。中朝友好協力相互援助条約は、締約国が戦争状態になったとき、他の締約国は直ちに全力で軍事援助することになっている。

米国は感情的な世論によって動く国であることをトランプ大統領は証明した。危機になれば理性よりも感情の影響力が大きくなる。米国の大衆が感情的に共感しない同盟は、平時には存続できても有事に耐えられないだろう。日本の対米政策は大衆の感情を動かすものでなければならない。米国の大衆は、血と土地の交換は納得できなくても、血と血の交換は理解できるだろう。

■「8・15」に思う――日本に勝ったという中国の虚構

中国共産党は国民に、共産党が日本帝国主義を打倒したと教育している。だから、国民の反日感情が高まると共産党の人気が上がるのである。共産党に対する不満が高まったとき、国内矛盾を転嫁するスケープゴートとして、日本が格好のターゲットになるのもそのためである。だが、中国共産党の主張は歴史的事実なのだろうか。

日本軍侵攻に救われた共産党

１９３０年代の日中戦争は、当時の日本では「支那事変」と呼ばれ、日本政府は「事変」であり「戦争」ではないと主張していた。「戦争」に伴う国際社会の「制裁」を避けようとしたからである。日本にとって主敵はあくまでソ連や米英であって、中国は主戦場ではなかった。日本は「戦争」の敷居を越えないよう、「事変」の枠からはみ出さないよう、主観的には注意深く行動したつもりであった。

しかし、「事変」が拡大するにつれて日本軍の戦死者は増大し、「今、中国から撤退すれば、『事変』の中で戦死した10万人の日本軍兵士の命が無意味になる」という感情論に国民が同意するに至って戦争は長期化していった。

１９２６年に国民革命軍総司令に就任した蔣介石は共産党を「内憂」、日本の侵略を「外患」とみなし、まず共産党を排除した後に日本軍の侵攻に対処する「安内攘外」論を主張した（31年）。34年には国民党の攻撃により共産党は豊かな沿岸部の根拠地を失い、不毛の内陸部へ逃走する。なお、共産党はこの逃走を「長征」と呼ぶ。

その後も、国民党は共産党を軍事的に圧倒していたが、37年7月に日本軍と本格的戦闘に入ると、日本軍の攻撃で国民党の組織と軍隊は大きな打撃を受けた。日本軍に攻められた国民党は共産党を攻撃する余裕を失い、日本軍に対抗するため、37年9月に「第二次国共合作」を成立させた。国民党の攻撃によって崩壊の危機に瀕していた共産党にとり、日本軍の侵攻は起死回生のチャンスであった。

しかし、「第二次国共合作」も日本軍の侵攻を阻止できなかった。11月に上海、12月に首都南京、38年には、徐州など華北・華中の主要都市も日本軍に占領された。

毛沢東戦略の第三段階は実現せず

そのとき共産党は何を考えていたのか。既述のように、毛沢東は「持久戦論」で次のように主張した。「日本は強力な帝国主義国家で、軍事力・経済力は東洋一であり、中国は日本に速戦速勝できない。しかし日本は国土が小さく、人口、資源が欠乏し、長期戦には耐えられない。したがって、敵の後方で遊撃戦を展開し、敵の内部崩壊を促進すれば、中国が最後に勝利する」。

「持久戦論」は戦争を三段階に分ける。第一段階は日本軍の戦略的進攻と中国軍の防御の時期である。第二段階は日本軍と中国軍の戦略的対峙の段階だ。第三段階は中国軍が運動戦と陣地戦で日本軍を殲滅する最終段階である。

共産党によると、第一段階は37～38年、第二段階は38～43年、第三段階は43～45年となっている。しかし、日本軍は44年から45年にかけて50万人の兵力を動員し、日中戦争で最大の作戦となった「大陸打通作戦」を実行して洛陽や長沙を攻略した。中国の戦場では45年においても日本軍は優勢であった。現実の日中戦争では第三段階は実現せず、日本軍が太平洋で対米戦争に敗北することにより、中国における戦争は終わった。

他方、蔣介石は「日本の大陸政策はソ連を第一の敵としている。中国は日ソ間の矛盾を利用できる。日本が南進すれば太平洋を制する米国と対立する。ゆえに中国が米ソと結んで日本を孤立させれば日本に勝利できる」（「夷を以て夷を制す」）と主張した。

日中戦争中、日本軍の戦闘力は中国軍を上回っており、国民党軍は生き残るために日本軍との戦闘を避けた。他方、共産党軍は日本軍や国民党軍の防備が手薄になった地方都市の占領を優先し、上海、徐州、武漢三鎮など日中戦争の主要な戦闘には参戦しなかった。

日中戦争決した日米戦争

蔣介石が期待し予想したように、日本軍よりも強力な軍事力を持った米軍の対日戦争によって日本軍が崩壊し、日本は太平洋戦争に敗れた。毛沢東の遊撃戦ではなく、日米戦争の結果によって、中国戦線でも日本軍は降伏した。

第二次世界大戦における日本軍の戦死者約２４０万人のうち、中国戦線での戦死者は約46万人である。中国一国と戦っている限り、日本本土は攻撃されず、戦死者が日本にとって耐え難い数になることもなかっただろう。日中戦争の勝敗を決した最大の要因は、米国の軍事力に他ならなかった。

中国共産党は日中戦争後に争われた国共内戦の勝者であった。内戦で争われるのは、軍事力ではなく国民の支持である。国共内戦では、腐敗した体制を墨守する国民党は、現状に不満を持つ国民の支持を失って敗者になり、共産主義という未来の理想社会の実現を掲げた共産党が、期待と支持を獲得して勝者になったのである。

中国共産党の主張は歴史的事実とは異なる。虚構に基づく体制が民主化すれば、虚構が表面化して体制の正統性は失われ、虚構の体制は崩壊する。

■韓国は対日経済戦争に勝てるか

朝鮮半島が日本の統治下にあった時代に、日本企業に強制連行されて強制労働に従事させられたと主張する韓国人が、日本企業に対し損害賠償の支払いを求めて韓国の裁判所に提訴した。この訴訟について、２０１８年10月30日に韓国の最高裁判所が被告（新日鉄住金）の上告を棄却し、原告の勝訴を確定させる判決を言い渡した。韓国政府もこの判決に従う姿勢を見せている。これに対して日本政府は、この問題が１９６５年の日韓請求権協定により解決済みの問題だとして強く反発した。日韓両政府の対立が深まる中で日本政府は、日本の輸出品が韓国から密輸出されている可能性があるとして、韓国が日本に依存する半導体素材の一部に対して実質的に輸出を禁止する措置をとった。

日本はこれまで韓国に侮辱されても反撃せず、韓国の反日的行動を止めるために謝罪して金を払ってきた（報償的抑止）。このような日本の態度は、日本から謝罪と金を得るためには反日的行動を取ることが効果的であるとのメッセージになっていた。

現代の国際関係では相手の敵対的行動を抑止するためには、敵対的行動を取ればば大きな懲罰を受けることを保証する懲罰的抑止が効果的であるとされている。日本も周辺国との関係を正常化するためには、報償的抑止を止めて懲罰的抑止を実行しなければならない。

懲罰的抑止のシナリオ

日韓を比較すると、日本の国内総生産は韓国の3・5倍である。さらに韓国の貿易依存度（輸出入額の対GDP比）は約70％と高く、外国の経済制裁に弱い体質の国家である。ちなみに日本の貿易依存度は約30％弱である。軍事力ランキング（2021年）を見ると、日本は第5位、韓国は第6位である。日韓関係では日本が強者、韓国が弱者である。

懲罰的抑止は相手が望まない行動を強制するという意味で戦争と共通する部分がある。戦争で弱者が強者に勝つためには、弱者が上手く戦い、強者が下手に戦う必要がある。上手く戦うためには、①感情的で根拠のない楽観主義を排除し、②リスクを恐れて兵力を小出しにする兵力の逐次使用を避け、③明確な作戦目的を持つことが必要になる。

①日本と対決する韓国政府の対応は、感情的で根拠のない楽観主義に見える。しかし、韓国政府の目的が、低下しつつある政府に対する国民の支持率を高めることならば、対日嫌悪感の強い世論を利用する韓国政府の対応は合理的である。現に日韓関係が対立的にな

ればなるほど、韓国政府に対する国民の支持率は上昇している。ただし、韓国政府の対応は韓国の国益に反している。

②兵力の逐次使用はどうか。現在のところ、日本はカードを小出しにしている。日本の低レベルで緩慢な行動は、韓国に懲罰に対応する時間的余裕を与え、懲罰的抑止の効果を減殺している。また兵力の逐次使用は相手を屈服させられず、むしろ相手の敵意を高める場合も多い。一般的に好戦的な国民が反戦的になるのは、敗戦を意識した場合だけである。他方、最初から総力戦を主張する韓国は、対決をレベルアップする余力がなく長期間対立を続けることができない。

世論戦、法律戦に頼る韓国

弱者が強者に勝つためには、強者が戦意を喪失することが必要になる。強者の戦意を挫くためには、低レベルの長期消耗戦を戦い強者が戦いに疲れるのを待つしかない。大戦争になる短期決戦は強者が必ず勝つ。対立を極大化する韓国の行動は弱者の戦略ではない。弱者の北ベトナムに負けた強者のジョンソン米大統領も「国内に分裂と悲観論が広がり、国民の戦意が崩壊することが北ベトナムの頼みの綱であった」と述べている。

強者が戦いに疲れるためには、国内の反戦世論が重要な役割を果たす。すなわち、弱者の韓国が日本に勝つためには、対韓政策に対する日本国民の不満が盛り上がる必要があり、マスメディアと野党に対する世論工作が重要になる。今のところ日本国内の世論は反韓的で韓国の工作は成功していない。

現在の日韓対立を韓国政府は国家的危機であると国民に説明している。他方、日本政府は韓国に対する輸出管理政策の変更は小さな問題であると説明している。国家的危機ならば国民は大きな犠牲に耐えるだろう。しかし、小さな問題ならば、国民は小さな犠牲を払うだけである。

日韓対立によって、経済的損害が発生した場合、大きな損害を覚悟している韓国の国民は、対日対決政策を支持し続けるのに対して、小さな問題だと思っている日本国民の損害の許容限度は低く、政府の対韓対決政策を非難するようになるだろう。そうなれば韓国に勝つチャンスが生まれる。

弱者の韓国が勝つポイント

③日本と韓国は明確な目的を持っているか。韓国の目的は明確であり、日本の経済制裁

を止めさせ、日韓関係を経済制裁以前の状態に戻すことである。他方、日本の日的ははっきりしない。

安倍晋三首相は「現在の日韓関係の最大の問題は、国家間の約束を守るかどうか、という信頼の問題だ。日韓請求権協定に違反する行為を韓国が一方的に行い、国交正常化の基盤となった国際条約を破っている」（２０１９年８月６日）と述べているのに対して、経済産業省は、日韓請求権協定違反の問題ではなく、日本の輸出管理の問題であると説明している。作戦目的がわからなければ兵士は戦えない。

戦争に勝つとは、損害が国民の許容限度を超える前に戦争目的を達成することであり、戦争に勝つために政府がやるべきことは、戦争目的が自国にとって重要な国益であることを国民に説得して損害の許容限度を高めることである。

逆に戦争に負けるとは、戦争目的を達成する前に損害が国民の許容限度を超えることであり、日本国内で経済戦争に対する厭戦（えんせん）気分が高まれば、韓国にも勝機は生まれるだろう。

■米中「覇権争奪戦」の構造と行方

米中対立が拡大している。２０２０年7月22日にビーガン米国務副長官が議会で「南シナ海で中国の主張を押し返す」と証言した。他方、中国の王毅外相は同年7月21日「南シナ海は我々の庭であり、中国と東南アジア諸国は永久に隣人だ」と述べた。ただし、中国では古代から「遠きに交わり近きを攻む」が常識である。関税から始まった米中対立がハイテク技術移転などの経済対立、領事館の閉鎖といった政治対立に拡大し、南シナ海では米中両軍の動きが活発になっている。

経済よりイデオロギー

米中両国はイデオロギーを国家の基礎に据えた国であり、世界的な供給網を持つ経済大国であり、自給自足が可能な資源大国である。イデオロギーは妥協を嫌い、経済は対立を嫌う。したがって、経済重視派は対立を避けて妥協するが、イデオロギー対立は安易な妥協を許さない。なお、中国共産党にとって経済は政治の道具である。

他方、米国と中国のイデオロギーの違いは大きい。米国のイデオロギーは、自由と民主主義を守ることであり、これは神から与えられた使命である（Manifest Destiny）と教会へ行って神に祈る米国民は信じている。米国民の8割は神を信じ、4割は毎週教会へ行く。米国は血縁ではなく、イデオロギーで結ばれた移民国家である。他方、中国共産党の第一の核心的利益は共産党支配体制であり、共産党支配は国民の同意ではなく共産党の暴力装置によって維持されている。

米国から見ると中国共産党のイデオロギーは、自由と民主主義を否定する全体主義である（ポンペオ国務長官、7月23日）。中国共産党の戦略が、米国のイデオロギーと両立できない中国式全体主義を世界に広げることなら、米中の対立は政権の正統性の問題であり、妥協できる余地は小さくなる。イデオロギーで結ばれた米国民にとって、米国的価値は経済的利益に優る。

米中対立のメカニズム

現在の米中対立は、世界の覇者である米国が、覇者の地位を狙い米国に追い付こうとしている中国を、追い抜かれる前に叩く予防戦争であると説明することもできる（パワーシフト理論)。

中国の世界観である「一つの山に二匹の虎はいない」(戦国時代モデル)で説明することもできる。中国が日本を追い落としてアジアの山の虎になることは米国も許容できるが(オバマ政権の「関与政策」)、米国に挑戦して世界の山の虎(覇者)になることは絶対に許さないということである。

中国共産党が唱導する中国の経済圏である「一帯一路」が、アフリカ、南太平洋、そして米国の裏庭である中南米まで拡大し、「中国製造2025」を掲げてハイテク覇権を狙う中国共産党の姿勢は、米国から見れば中国が世界の山の虎になろうとしている証拠である。

ただし、中国の経済成長は基本的に労働力の拡大によって支えられてきた。しかし生産年齢人口(15歳から64歳)を見ると、2010年をピークに減少が始まり、2040年には、経済改革が始まった1980年の6割に減少することが予想されている。就業人口も2018年から減少し始めた。一人っ子政策を止めたにもかかわらず、一人の女性が産む子供の数(合計特殊出生率)は、中国政府によると2010年には1・6であったが、2020年には日本やイタリアと同じ1・3に減少した。世界の工場や市場として拡大してきた経済力は今後縮小し、世界に対する影響力も低下するだろう。対外経済進出を支える世界一の外貨準備も対外債務の大きさを考慮すれば、２０１７年以降ＩＭＦが算出する適正水準を下回っている。20年に10年比でＧＤＰを倍増するという共産党の公約も実現できなかった。２０３０年に中国のＧＤＰは米国を抜くが、２０５０年には再び米国が抜き返すという説もある。今が世界に中国の影響力を拡大する最後のチャンスである。中国共産党は焦っている。

米中の「決意のバランス」

中国は世界の覇者になれるか。今は経済力でも軍事力でも中国は米国に劣っているが、もう一つ重要なポイントがある。それは中国の決意である（決意のバランス）。戦う力は、戦う能力と戦う意志の掛け算である。戦う能力が高くても戦う意志がゼロならば、戦う力はゼロになる。経済力や軍事力で劣っていても強い決意が敵を上回れば、ベトナム戦争の北ベトナムのように強敵に勝つチャンスはある。

米中どちらが強い決意を持っているか。プロスペクト理論によれば、人は何かを失うと感じたときに失う痛みは大きいので、強い決意でリスクを取って失うことを防ごうとする傾向がある。逆に何かを得るときには得ることに失敗しても元に戻るだけで痛みは小さくリスクを取らない傾向がある。

米中対立の状況を見ると、米国は今持っている覇権を失うかもしれないという強い痛みを感じており、強い決意でリスクを取って覇権を守ろうとしている。他方、中国は今持っていない覇権を取ろうとしているのであり、大きなリスクを取らないだろう。決意のバランスも米国が優位に立っている。

経済力、軍事力、決意の面で劣っている中国が米中対立に勝利することは難しいだろう。

■米国との戦争に勝てない中国

信頼関係のない国家間の外交交渉と戦争の結果は比例している。戦争に勝つ国が外交交渉でも勝つ。米軍は世界一強い軍隊であり、米軍と同じルールで戦えばどの国も米軍に勝てない。米軍に勝つためには、「ナイフでスープを飲ませる」ように米軍に不利なルールで非対称な戦争を戦わなければならない。

国民の戦意を挫く戦略

米国に勝った北ベトナムの指導者は次のように述べた。「米国が我々の兵士を10人殺すのに対して、我々が殺せるのは1人かもしれない。しかし、最終的に戦いに疲れるのは我々ではなく米国である」（ホー・チ・ミン主席）。ジョンソン米大統領も次のように述べている。「国内に分裂と悲観論が広がり、米国民の戦意が崩壊することが北ベトナムの頼みの綱であった」。中国は北ベトナムよりもはるかに強大な国だが、米国より弱い国であることに違いはない。中国はアジア・アフリカ諸国に対して強者として振舞い成功してきた。しかし、中国が強者として米国に対決すれば、中国よりも強者である米国に決定的敗北を喫するだろう。

戦争は軍隊の戦闘能力と国民の戦う意志によって支えられている。国民の戦う意志が崩壊すれば戦争に負ける。米国より戦闘能力が劣る北ベトナムの戦略は、米国民の戦う意志を挫くことであった。ただし、米軍と戦えば大損害を被ることは避けられず、長期戦を戦うためには、米軍よりもはるかに大きな損害に耐えられる体制であることが大前提になる。ベトナム戦争に負けた米軍の死者は5万8000人、勝ったベトナムの死者は300

万人を超えた。

毛沢東は、強敵に対する戦略として、多くの国民を動員し長期の遊撃戦を戦う人民戦争を構想した。当時の中国は、戦争になっても自給自足が可能な農村人口が国民の8割以上あり、経済は対外貿易に依存せず、また農村には過剰労働力が溢れていた。米国に匹敵する広大な国土と6億人を超える人口が数百万人の損害を吸収して戦争を続け、米国が戦争に疲れるのを待つ戦略であった。ちなみに中国では戦争以外の暴力による死者が多く、文化大革命の死者は1000万人といわれ、他方、中国政府によれば朝鮮戦争の死者は50万人といわれている。中国では死のイメージは戦争よりも政治闘争や自然災害である。

人民戦争ができない中国

現在の中国は、改革開放政策によって都市化と少子化が進み、対外貿易が経済発展を支え、経済発展が共産党支配を支える体質になった。農村人口は4割に減少した。現在の中国で、経済発展を支える都市が破壊され、一人っ子である多数の若者の命を大量消費する人民戦争を実行すれば、経済は崩壊し国民の不満が爆発して共産党政権は倒れるだろう。現在の中国は長期にわたる人民戦争を戦うことができず、短期間の局地戦争しか戦えない体質になっている。

他方、経済発展を進めるために対外貿易に依存する中国共産党政権は、外国に対する影響力を強化する必要があり、中国軍も国内治安維持軍から外国に介入できる軍隊に変質する必要がある。ゆえに中国軍は陸軍を縮小し、海空軍を増強して外征軍である米軍型に変わろうとしている。中国軍が「一帯一路」周辺諸国への影響力を強化しようとして、海軍力を強化し近代化を進めれば進めるほど中国軍は米軍化し、米軍にとって同じルールで戦える敵になる。

中国軍の巨大な空母は、空母を攻撃する能力がないアジアの弱小国には大きな脅威になるが、米軍にとってはレーダーに大きく映る格好の攻撃目標になるだけだ。空母と最新鋭ステルス機で戦う戦争ならば中国軍に勝ち目はない。

１９４１年の太平洋では、日本が空母の数で米国を上回っており、南太平洋の島に戦闘機を配備した前進基地があった。しかし現在のところ、中国が太平洋に展開できる海軍力は米軍に遠く及ばず、太平洋に軍事基地もない。しかも、中国海軍は日本帝国海軍の轍を踏み、空母を中心に大艦巨砲主義に向かっている。艦艇の大型化は撃沈された場合のコストを増大させ、戦力組成を小型化して艦艇の数を増やしステルス性と攻撃力を増大させている米軍の攻撃に対する脆弱性を増す。中国の空母は、期待された役割を果たせずに撃沈された戦艦「大和」になるだろう。軍隊に必要なものは一点豪華主義ではなく標準化である。

国益と損害許容限度

戦争に勝つとは、損害が国民の許容限度を超える前に戦争目的を達成することであり、戦争に負けるとは、戦争目的を達成する前に損害が国民の許容限度を超えることである。損害の許容限度には、戦争目的に関わる国益とその国の文化が大きな影響を与える。

中国が米国に勝つためには、米国民の損害の許容限度を下げなければならない。しかし、米中戦争が、米国民にとって「偉大な米国」を邪悪な敵から守る正義の戦いならば、正義は勝つと信じている米国民の損害の許容限度は高い。他方、拝金主義の国民が耐えられる損害の許容限度は低く、米中戦争が長期化すれば、中国の方が先に損害の許容限度を超えるだろう。

■米国と戦えば中国は崩壊する

米中対立の本質は超大国の地位を維持しようとする米国と、米国の地位に挑戦する中国の世界の覇権をめぐる争いである。今後、経済面で表面的に対立を糊塗することがあるとしても、文化と価値観が異なる米国と中国の間に信頼感は生まれない。

外交とは「棍棒を持って静かに話す」ことであり、信頼感のない国家間の外交交渉の結果は戦争の結果に比例する。戦争に勝てない側が外交で勝つことはできない。

海上封鎖で経済は窒息する

中国の海は東シナ海と南シナ海だけである。中国海軍は宮古海峡やバシー海峡を通らなければ太平洋やインド洋に出ることはできない。米国が強力な海空軍力を動員して、この狭い海峡を封鎖し、中国の海空軍力を日本、台湾、フィリピンを結ぶ防衛線の西側、すなわち東シナ海と南シナ海へ封じ込めた場合（オフショア・コントロール戦略）、中国軍が米軍の防衛線を突破しようとしなければ米中間に戦闘はなく、中国軍に損害はない。

しかし、中国海軍は東シナ海や南シナ海から出られず、米海軍は中国海軍がいない太平洋とインド洋で中国の海上交通路を遮断する。中国の貿易の9割は海上交通路による。したがって中国は貿易の9割を失うことになる。中国経済が、中央アジアを通る新シルクロード経由で復興する可能性はほとんどない。海上交通路を遮断された状態が長期間続くと、中国は経済的に窒息する。経済が大きな打撃を受ければ共産党は国民の支持を失い、中国共産党にとって最優先の「核心的利益」である共産党の支配も危うくなるだろう。中国が苦し紛れに戦争を拡大して核戦争になれば、圧倒的に有利な核戦力を保有する米国の核攻撃によって共産党政権は確実に崩壊する。

オフショア・コントロール戦略のポイントは、中国が米国の要求を呑めば、中国が「敵は十分に教訓を学んだので戦争を止める」と宣言することを米国が黙認し、中国の面子を潰さずに戦争を終わらせることである（T. Hammes, “Offshore Control is the Answer”）。

「冷たい資本主義」が不満を高める

このような状況は中国共産党政権にどのような影響を与えるのか。中国共産党の統治体制は国民を強制する暴力装置（軍隊と警察）によって成り立っているが、共産党は国民の支持を得る努力も行っている。国民が共産党を支持する理由は、個人の収入を増やしたことによる。1979年に始まった改革開放政策によって、中国では1人当たりGDPが300元（1978年）から4万6000元（2014年）に増えた。個人収入が100倍以上になり、国民は共産党を支持した。しかし、「鉄砲から生まれた」共産党政権は選挙で選ばれた政権とは異なり、国民を支配している理由（正統性）を説明することが難しい。それ故に、共産党政権は懸命に国民の人気を得ようとする傾向がある。しかし、国民の感情に左右される共産党の人気は極めて不安定である。

現在、国内総生産（GDP）の成長率は低下している。2007年には14％あった成長率は、2018年は6・6％に低下した（米国のシンクタンクによると成長率は4・1％、中国の人民大学教授によれば成長率は1・6％）。経済成長率の低下は社会に不満を持つ失業者を増大させ、共産党に対する支持を減少させる。

また、経済の資本主義化によって貧富の差が拡大している。貧富の差を測る指標であるジニ係数（全国民が平等ならばゼロ、1人が富を独占していれば1）を見ると、多くの欧米諸国が0・3程度であるのに対して中国は0・5～0・7である。ジニ係数が0・4になれば社会が不安定になり、0・6を超えると暴動が発生するといわれている。本来、全国民が平等であるべき共産主義国家において、貧富の差が資本主義国家よりも大きくなれば、共産主義国家の国民の不満は資本主義国家の国民よりも大きくなるだろう。

現在、中国は米国よりも「冷たい資本主義」国家になったといわれている。中国では市町村など末端の共産党統治機構に対して住民が暴力を振るう事件が多発している（年間20万件の群体性事件）。戦争によって経済がさらに悪化すれば、共産党に対する支持も危機的状況になるだろう。

軍の弱体化は党の致命傷にも

経済が悪化し国民の支持が低下すれば、共産党は政権を維持するために軍隊や警察といった暴力装置に頼らざるを得なくなる。もし、米中戦争によって軍隊が打撃を受ければ、共産党政権を支える暴力装置が弱体化し、国民の不満を抑えきれなくなる可能性がある。中国共産党にとって最優先の核心的利益は共産党支配の維持であり、共産党政権を支える大黒柱である軍隊が大きく傷つくことは絶対に避けなければならない。

また、戦争が長引けば、政権に対する国民の信頼度が戦争の勝敗に影響する。中国では「北京愛国、上海出国、広東売国」といわれることがあり、現実と中国共産党が唱道する

「中華民族」の理念には大きな乖離がある。最近は1年間に8万人の中国人女性が、生まれてくる子供に米国籍を取得させるために米国で出産する。国民に信用されない政権が、長期戦を戦い勝つことはできない。

したがって、中国共産党は決定的な敗北を喫する前に、米国との戦いには負けていないと言い逃れることができる間に戦争を止め、米国の要求を呑む道を選ぶだろう。世界の覇者は米国であることを中国が認めれば、米国も中国の面子をそれ以上潰さずに戦争を止めるだろう。中国共産党は政権を維持し、米国は世界の覇者の地位を維持して戦争は終わる。また、戦争がない場合はこれが外交交渉の結果になる。

価値観を害する者は「敵」だ

米国の「国家安全保障戦略」（２０１７年12月18日）は「中国はインド太平洋地域から米国を追い出し、力によって現状を変更しようとしている『修正主義勢力』である」と主張し、「国家サイバー戦略」（18年9月20日）は、「中国はサイバー空間における経済スパイに関与し、数兆ドルもの知的財産を盗み、米国の経済、民主主義を傷つける『敵対国家』である」と中国を非難した。

トランプ大統領も2018年9月26日、国連安保理で「私が貿易で中国に反撃した最初の大統領である」と演説し、10月4日にはペンス副大統領もワシントンで「中国は政治、経済、軍事的手段に加えて宣伝工作を展開し、知的財産を侵害し、海洋権益を拡大している」と講演した。12月12日には米連邦捜査局（ＦＢＩ）高官が議会で「中国は米国のアイデアや技術革新を盗もうとしている。われわれは中国に搾取されており、防御を強化しなければならない」と証言した。

元来、米国は国民の8割が神を信じ、キリスト教保守派が政治に影響力を持ち、国民が「世界を文明化する義務」（Manifest Destiny）を信じ、「神の下の自由と正義を備えた共和国」に忠誠を誓う（Pledge of Allegiance）イデオロギー重視の一種の「宗教国家」である。米国はエコノミックアニマルではない。米国の文化や価値観を害する敵だと米国が認識すれば、神の敵と妥協することは悪であり、ファシズムやイスラム過激派との戦争と同じく「文明の衝突」になり、妥協することは難しくなるだろう。

■対日関係を悪化させる中国の戦略

なぜ関係が良好にならないか

現在の日中関係は良好とはいえない。日中関係が悪化している原因について多様な見解があるが、大きく四つの説に分類できる。

第一の説は「外敵転嫁論」である。中国共産党に対する国民の不満を、外敵の脅威にすり替えようとしている、または、外敵の脅威を強調することによって、分裂した国内世論を共産党支持に統一しようとしているという説である。

この説によると、中国共産党は、日本との関係を緊張させて国民の間に反日民族主義を煽り、抗日戦争に勝利した中華民族の英雄であると教科書に書いてある共産党の正統性を強化しようとしている。他方、中国共産党の主張は、日本政府は中国脅威論を強調することによって軍国主義的政策に国民の支持を集めようとしているというものである。

第二の説は「相互誤解論」である。中国は日本の行動を全て軍国主義の復活であると誤解し、日本も中国の行動を全て中華思想に基づく覇権追求であると誤解する傾向があるという説である。

第三の説は「友好人士減少論」である。日本では、日中国交回復時代に活躍した自民党親中派などの影響力が減退し、中国でも知日派の政治家が減少した。その結果、日中関係の悪化を抑えるために積極的に活動する「友好人士」が少なくなり、関係が悪化したという説である。

第四の説は「日中勢力逆転論」である。二国間の力関係が逆転し、現状を維持することが困難になったとき、より有利な現状変更を求めて両国が争うというパワーシフト理論に基づき、日中間の勢力逆転が日中関係を悪化させたという説である。

狙いは日本の軍事的無能化

第三の説を分析すると、中国にとって「友好人士」が活躍した1960年代から70年代にかけての時期は、中ソ論争が激化して武力衝突も発生し、国内的にも文化大革命によって共産主義体制が動揺していた時代であった。中国が対ソ関係を有利にするために日本との関係改善を模索し、日本も経済的に世界第2位になり経済大国にふさわしい外交を模索していた時期に「友好人士」が生まれた。

ソ連覇権主義という日中共通の敵が存在した時代、貧しい中国にとって経済援助をもたらす日本への期待は大きかった。しかし今や世界第２位の経済大国になり、かつて兄と呼んだロシアを今は妹と見下す現在の中国にとって、日本は格が下であり、中国に対抗できる同等の国ではない。友情は対等な者の間に生まれる。「友好人士」の減少は原因ではなく結果である。

第二の説は、日中両国が相手国に対する正確な情報を持っていないとする見方である。日本の政府と国民が入手できる中国情報に制限はない。しかし、中国では政府が入手できる日本情報は無制限であるが、国民は政府に都合が悪い日本情報を入手することができない。したがって、実態と異なるイメージを持っているのは中国の国民であり、中国政府および日本政府と日本国民は相手国に関して実態に近いイメージを持っている。

日本が軍国主義国家でないことは世界の常識である。中国政府が日本の行動を軍国主義の復活であると主張するのは、正確に日本の実態を理解した上で、日本の反戦世論に影響を与えて誘導し、中国にとって望ましい「中国の影響下にある軍事的に無能な日本」を実現するための戦略である。

日中外相会談（２０１６年４月）で王毅外相が引用した「言葉を聴くより行為を観る」

（『論語』公冶長篇）という観点で、発言ではなく実際の中国の行動を分析すれば、アジアに覇を唱えようとする中国の本心は明らかである。

独裁政権に魅力的な外敵転嫁論

第一の説は「スケープゴート」理論である。外国の脅威を煽る政策は、やり過ぎると戦争になり死傷者が発生するリスクがある。しかし独裁国家において政権を失うコストは、独裁者が逮捕され処刑される可能性もあり、野党になるだけの民主主義国家よりもはるかに大きい。したがって政権が弱体化したとき「外敵転嫁論」は独裁政権にとって魅力的な政策になる。

政権交代が保証されている民主主義国家の日本では、政府が力ずくで倒される可能性は低い。他方、中国では年間に数万件の暴動が発生するなど国民の不満が高くなっている。中国の歴代王朝は、飢饉と疫病と邪教で倒れた。中国共産党にとって、民主主義は邪教である。

また、「外敵転嫁論」はやり過ぎると戦争になる。日本では死傷者に対して国民が敏感に反応し、多くの死傷者が発生する戦争は政権にとって大きなリスクになる。しかし、死傷者に対する中国国民の感受性は低い。したがって「外敵転嫁論」は日本政府よりも中国政府にとって魅力的な戦略である。

第四の説を分析する。21世紀に入り、経済力と軍事力で中国は日本を追い越した。同時に中国は尖閣諸島の領海に侵入して現状を変えようとしている。パワーシフト埋論によれば、日本を追い越した中国が、日本よりも優位に立った機会をとらえて、現状を中国に有利な形に変更するために日本を圧迫している。中国にとって「一つの山に二匹の虎はいない」。

以上四つの説を検証すると、第一の説と第四の説が日中関係悪化の原因を説明しているといえる。

■東京オリンピック2020の意味

2021年は世界中で新型コロナウイルスが蔓延した年であった。このような状況の中で、「東京オリンピック2020」が開かれた。国際オリンピック委員会（IOC）のバッハ会長は「オリンピックは多様性に富む全人類の団結や粘り強さ、連帯を強いメッセージとして打ち出すことができる。オリンピックの夢を実現するために我々は犠牲を払わねばならない」と述べた。しかし、この発言に対して日本では、オリンピックのために日本人が犠牲を払わねばならないのか、との反発があった。

オリンピックは善か悪か

日本政府は、新型コロナウイルスの感染拡大を抑え込み東京オリンピックは「安心、安全なオリンピック」になると繰り返し述べていた。しかし、２０２１年の夏、東京においてコロナウイルスの感染は拡大していた。オリンピックが日本人に「安心と安全」をもたらさないことは明らかであった。

それでは、東京オリンピックは日本にとって間違った選択だったのか。物事の善悪は、そのことによる善の合計が悪の合計を上回るかどうかによって決まる。大きな悪があったとしても、それを上回る善があればその行為は肯定的に評価される。東京オリンピックによる悪とは新型コロナウイルスの感染拡大である。それでは善とは何か。

オリンピック憲章によれば、オリンピックはいかなる形の差別にも反対し、友情、連帯そしてフェアプレーの精神に基づく相互理解と世界平和を推進する。オリンピックは人間にとって善の象徴である。

オリンピックは世界の祭り

オリンピックは、個人が世界一を目指して戦う世界選手権ではない。オリンピックは貧しい国も金持ちの国も世界中の国が参加できる世界の祭りである。１００年前に始まった近代五輪は、個人を前面に出した当初の貴族的理念とは異なり、現在では大衆化し世界の人々が楽しみにしている世界最大の祭りになっている。

オリンピックの出場選手は国民の代表であり、代表選手の勝利は国民の名誉になる。近代五輪で初の選手宣誓をしたベルギーの選手は「祖国の名誉と競技の栄光のために戦う」と誓った。東京五輪に参加したテニス世界ランキング1位のジョコビッチ選手（セルビア）は「祖国を代表して戦うことは、とてつもない名誉だ」と語っていた。

祭りには慣習がある。日本に限らず世界中で、祭りは地域の中からその年の祭りを担当する家（総代）が選ばれ、選ばれた家が寺社に寄付をし、さまざまな経費を負担することになっている。祭りを担当する家は寄付をすることによって権威を保ち地域社会を維持する。総代は地域のためにやっているのであり、金儲けではない。総代は地域のために犠牲を払うから尊敬されるのである。世界の祭りであるオリンピックも同じである。

２０２１年のオリンピックは日本が総代になった。日本がやるべきことは「主催国として大会を開き、世界の国々に対する義務を果たす」（菅義偉首相、当時）ことである。世界中の普通の人は、金を儲けた人ではなく、他人のために犠牲を払った人を尊敬する。日本が世界の祭りのために大きな犠牲を払ったことは誰の目にも明らかである。「東京オリンピック２０２０」は日本が儲けた大会ではなく、日本が世界のために大きな犠牲を払った大会として世界の人々に記憶されるだろう。「大会が可能になるのは、日本人の粘り強さと逆境に耐え抜く能力を日本人が持っているからである。日本人の美徳に感謝したい」とバッハ会長は述べた。これが世界の常識である。

１９６４年の東京オリンピックは、欧米諸国（豪州を含む）ではない国が初めて開催するオリンピックであり、盛大な開催ぶりと参加者の熱気は、欧米諸国の植民地として抑圧されてきたアジア・アフリカ諸国に自信と勇気を与えた。１９６４年の東京オリンピックは、アジア・アフリカ諸国に対する日本からの最高のプレゼントだった。これが１９６４年東京オリンピックの善である。

日本人が勇気をもって犠牲を恐れずに世界の祭りを守ることができたとすれば、東京オリンピックにさまざまな夢を描いていた世界中の多くの人の期待に応えることができたことになる。そうなれば２０２１年の東京オリンピックでも、善の合計が悪の合計を上回ったといえるだろう。

日本の新聞社の世論調査によれば、オリンピック前に五輪開催を支持する人は３割、反対が６割であったが、五輪終了翌日の世論調査では開催支持が６割、反対が３割であった。日本でもオリンピックを経験することによって、元気になった人が多く存在したのである。「１人の命は地球より重い」と主張し、一切の自己犠牲を拒否する日本人の非常識も、日本を取り巻く国際環境の変化によってこれから変わっていくだろう。日本人が勇気、大胆、自己犠牲といった軍事的徳を取り戻し、積極的に世界の善を前進させることを願う。

あとがき――日本は「逆水を行く舟の如し」

21世紀の世界は、帝国主義の19世紀、世界大戦の20世紀から進歩したとはいえ、基本的には力が支配するアナーキーな世界である。そのような世界で日本はどのように生き残ろうとしているのか。太平洋戦争終戦直後に敗戦ショックの中で、日本の進むべき道を表明した憲法の前文は次のようになっている。

「日本国民は、恒久の平和を念願し、人間相互の関係を支配する崇高な理想を深く自覚するのであって、平和を愛する諸国民の公正と信義に信頼して、われらの安全と生存を保持しようと決意した。われらは、平和を維持し、専制と隷従、圧迫と偏狭を地上から永遠に除去しようと努めている国際社会において、名誉ある地位を占めたいと思う。われらは、全世界の国民が、ひとしく恐怖と欠乏から免かれ、平和のうちに生存する権利を有することを確認する。

われらは、いずれの国家も、自国のことのみに専念して他国を無視してはならないのであって、政治道徳の法則は、普遍的なものであり、この法則に従うことは、自国の主権を維持し、他国と対等関係に立とうとする各国の責務であると信ずる。

日本国民は、国家の名誉にかけ、全力をあげてこの崇高な理想と目的を達成することを誓う」

憲法前文にある「平和を愛する諸国民の公正と信義に信頼して、われらの安全と生存を保持しようと決意した」という発想は、戦争、内戦、テロ、大量破壊兵器の拡散、国際犯罪が世界の平和を脅かしていると国連が警告する世界の現状を見れば、全く非現実的で「世界の非常識」である。

いかなる国の政府も、国民の生命財産、領土、主権を守る義務と責任がある。中国の習近平主席は「いかなる外部勢力も中国に危害を加えようとするならば、14億人を超える中国人民が血と肉で築いた万里の長城に頭をぶつけ血を流すことになるだろう」（2021年7月1日）と演説した。また、米国のバイデン大統領は、自爆テロで米軍兵士13人を殺害した過激派組織に対して「米国は絶対に許さず、絶対に忘れず、どこまでも追い詰め、必ず代償を払わせる」「米国に危害を加える者にはいつでも我々は応酬する」（2021年8月26日）との声明を発表し、翌日に過激派組織の幹部を2人殺害した。また、かつて毛沢東は「敵と妥協し、領土や主権を少し犠牲にすれば、敵の攻撃を止めることができるとする考えは、幻想に過ぎない」（「持久戦論」）と主張していた。これが「世界の常識」である。

他方、「われらは……国際社会において、名誉ある地位を占めたいと思う」「われらは、いずれの国家も、自国のことのみに専念して他国を無視してはならないのであって、……日本国民は、国家の名誉にかけ、全力をあげてこの崇高な理想と目的を達成することを誓う」。これが日本の進むべき道ならば、日本国民は日本の進路を妨害する国内外の障害を排除して、崇高な理想と目的を達成するために必要な力と覚悟を持たなければならない。

他国を日本が望む方向に動かすためには、他国がやりたくないことを強制する軍事力や経済力などのハードパワーと、他国が自分の意志で日本が望む方向に動く文化的影響力や好感度などのソフトパワーを持たなければならない。現在の世界でソフトパワーの影響力は大きくなっているが、ハードパワーを止める力はない。

結局、ハードパワーのバランスが国際関係の現実である。日本が望む世界を実現するためには、日本もハードパワーを充実させ、ハードパワーを行使する覚悟を持ち、積極的に国際社会に関わっていくことが必要である。

「いずれの国家も、自国のことのみに専念して他国を無視してはならない」。これが現代世界の正義である。国連も、深刻な人権侵害が発生すれば、世界のどこでも「内政不干渉」原則よりも、問題の早期解決を優先する「保護する責任」を重視する方向にある。国連の強制力に参加することは現代の正義であり、義務である。

２０１５年、日本政府は安全保障関連法を制定し、集団的自衛権を一部行使することになった。集団的自衛権とは何か。個人に正当防衛権があるように、国家には法律以前の権利（自然権）として自衛権がある。現在、国連も加盟国に集団的自衛権を行使するように求めている。

個人の正当防衛は自分の安全を守るだけではなく、第三者の安全を守ることも含まれる。同じように、国家の自衛権には自国だけではなく第三国を守ることも含まれる。これが集団的自衛権である。自分の身の安全を顧みずに他人を助ける人は良い人である。同じように自国の安全を犠牲にしても、侵略された他国を助ける国は良い国である。だから、日本を除く全ての国は、建て前として自分の国は集団的自衛権を行使する良い国だというのである。

ただし、差別なく全ての人を助ける人が良い人であり、自分の都合で助ける人を選ぶ人はあまり良い人ではない。日本の集団的自衛権は、侵略された全ての国を助けるのではなく、日本と密接な関係のある国だけを助けることになっている。大国に圧迫され、日本の助けを期待した小国は落胆しただろう。

元来、日本は国際関係の荒波を真面(まとも)に被る位置にある。日本の地理的位置は地政学的に、海洋を支配するシーパワーと大陸を支配するランドパワーが衝突する最前線にある。ランドパワーが勢力を拡大して海に進出し、覇権を維持しようとするシーパワーと衝突すれば、大陸周辺諸国は大国の動きに翻弄され、まさに「二頭の象が争うとき、傷つくのは草」(アフリカの諺)ということになる。日本も死活的国益を再確認し、チャンスを見つけて前に進まなければ、象に踏み潰される草になるだろう。

日本の死活的国益とは何か。日本の領土は、我々が次の世代の日本人へ繋いでゆくべきかけがえのない日本の財産である。我々の世代で失うようなことがあれば、我々は子孫に対して償いきれない罪を犯すことになる。

前に進む力は意志と能力の掛け算である。世界第3位の経済力と世界のトップ10に入る軍事力を持つ日本が、犠牲を恐れない覚悟を持てば、日本が望む世界を守ることもできるだろう。シーパワーとランドパワーが覇権を争う最前線に位置する日本は、常に現状変更勢力から圧力を受けている。まさに「逆水を行く舟の如し、進まずんば則ち退く」状況にある。日本国民と政府に覚悟がなく、情報を集めるだけで行動を躊躇し、延々と議論を続けて前に進まなければ、日本は逆水に押し流されて沈むだろう。

〔**謝辞**〕

本書を出版するに際して、本書の企画を提案して頂いた金子将史ＰＨＰ総研代表、出版に当たって最初から最後まで貴重な助言を頂いた白地利成編集長（ＰＨＰ研究所・第一制作部人文社会課）に心から感謝を申し上げたい。また、本書のもとは10年間にわたって寄稿した『産経新聞』のコラム「正論」であるが、編集を担当頂いたすべての方々に改めてお礼を申し上げたい。

最後に、筆者は40年間にわたって大学で講義を続けてきたが、講義に参加してくれた全ての学生に本書を捧げたいと思う。

令和３年10月10日

村井友秀

【初出】

本書は『産経新聞』「正論」欄（２０１２年４月18日～２０２１年７月29日）、『JBpress』（２０２１年５月７日）の論考に加筆したものです。

〈著者略歴〉
村井友秀（むらい・ともひで）
東京国際大学特命教授。1949年、奈良県生まれ。78年、東京大学大学院国際関係論博士課程単位取得退学。米ワシントン大学国際問題研究所研究員。93年より防衛大学校国際関係学科教授、国際関係学科長、人文社会科学群長、総合情報図書館長を歴任。2015年、東京国際大学国際戦略研究所教授、防衛大学校名誉教授。20年より現職。日本防衛学会会長。国際安全保障学会理事。平和安全保障研究所研究委員。防衛省新防衛政策懇談会委員。主な著書に『失敗の本質』（共著、ダイヤモンド社）、『戦略の本質』（同、日本経済新聞社）、『中国をめぐる安全保障』（同、ミネルヴァ書房）、『日本と日本軍の失敗のメカニズム』（同、中央公論新社）がある。

装丁：斉藤よしのぶ

日中危機の本質
日本人の常識は世界の非常識である

2021年12月２日　第１版第１刷発行

著　者　村井友秀
発行者　永田貴之
発行所　株式会社ＰＨＰ研究所
東京本部　〒135-8137　江東区豊洲5-6-52
第一制作部　☎03-3520-9615(編集)
普及部　☎03-3520-9630(販売)
京都本部　〒601-8411　京都市南区西九条北ノ内町11
PHP INTERFACE　https://www.php.co.jp/

組　版　有限会社メディアネット
印刷所　大日本印刷株式会社
製本所　東京美術紙工協業組合

ISBN978-4-569-85070-2

PHPの本

道をひらく

松下幸之助 著

運命を切りひらくために。日々を新鮮な心で迎えるために――。人生への深い洞察をもとに綴った短編随筆集。40年以上にわたって読み継がれる、発行520万部超のロングセラー。

定価 本体八七〇円（税別）

日本を前に進める

河野太郎 著

Twitterフォロワー数230万を誇る国民期待の政治家、待望の新著。自由と独立と協動、規制改革、デジタルを活かす新時代の政治へ。